ウルトラライトハイキング

Hike light, Go simple.

土屋 智哉
Tomoyoshi Tsuchiya

はじめに
Introduction

2001年夏、アメリカのアウトドア総合展示会。会場片隅にあるGOLITEの小さなブースで手にした『Beyond Backpacking』という一冊の本。

それが、わたしとウルトラライトハイキングとの出会いでした。まだアメリカでもアンダーグラウンドカルチャーにすぎなかったウルトラライトハイキング。わたしはこの新たな試みの根本にあるシンプルさに惹かれていきました。方法だけでなく、その思想も含め、すべてがシンプルさに向かっているのが大きな魅力だったのです。

ウルトラライトハイキングの「軽さ」にしか目を向けないのはもったいない。むしろ、その向こう側にある「シンプルさ」や「自然との関係」にこそ、ウルトラライトハイキングの核心があるのです。ハイカーはもちろん、自然に興味をもつ多くの方に、こんなハイキングスタイルがあることを知ってもらえたらと思います。そしてこの本が、そんな人々に少しでも役立てば、これに勝る喜びはありません。

目次

7　はじめに

書斎にて
Arm Chair Ultralight Hiking

17　01 歴史 *History*
18　ロングトレイルとスルーハイク
19　エマおばあちゃんの快挙
21　その「向こう側」をめざしたレイ・ウェイ
24　広がるウルトラライトハイキング

27　02 哲学 *Philosophy*
28　自然との濃密な関係
29　インパクトの軽減と分散
31　自然回帰運動の後継者
33　軽さの向こうにあるシンプル＆スマート

35　03 原則 *General Rules*
36　ベースウェイトという基準
38　5つの福音
41　軽くするための原則
45　システムで考える

47　04　日本の流儀　Japanese Style

　48　　田部重治の提言
　50　　渓流、そして岩と雪
　52　　高山を駆ける、里山にひたる

トレイルにて
Trail Ultralight Hiking

57　01　運ぶ、泊まる　Carry & Sleep

　58　**バックパック**　Backpack
　58　　何キロ背負うのか
　60　　背面上部を意識する
　61　　ウルトラライトバックパック

　64　**シェルター**　Shelter
　64　　結露とつきあう
　66　　耐候性を上げる
　69　　ウルトラライトシェルター

　74　**スリーピングバッグ＆マット**　Sleeping Bag & Mat
　74　　スリーピングシステム
　75　　眠りのレイヤリング
　76　　背面を考える　キルト
　78　　背面を考える　マット

83　02　歩く、着る　Walk & Wear

84　シューズ　Shoes
- 84　積雪期とハイカットブーツ
- 85　無雪期とローカットシューズ
- 88　ピッチとフォーム

91　レインギア　Rain Gear
- 91　3の法則
- 93　透湿と換気
- 94　レインジャケット＆パンツ
- 96　レインポンチョ＆レインケープ
- 97　レインチャップス＆レインスカート
- 99　傘

101　ウィンドシャツ　Wind Shirts
- 101　撥水と耐水
- 102　山シャツ進化形

104　インサレーションウェア　Insulation Wear
- 104　薄くてもかまわない
- 107　化繊綿という選択

111	**03 食べる、飲む**	*Eat & Drink*

112	**ストーブ＆クッカー**	*Stove & Cooker*
112	ハイカーの食事	
115	何を食べるか、何に使うか	
116	200mlの湯沸かし	
117	ウルトラライトストーブ	
121	ウルトラライトクッカー	
123	ボイルインバッグ	

125	**ウォーターコンテナ＆トリートメント**	*Water Container & Treatment*
125	欠かせない水	
126	ハイカーの水分補給	
127	ハイドレーションシステムとペットボトル	
129	バックアップ	
129	山の水の危険	
130	浄水	

133	**04 気遣い**	*Things to Consider*

134	**歩く**	*Walk*
134	直射日光を避ける	
134	夜は歩かない	
134	ふたつの休憩	
135	ナビゲーションは習慣と距離感	
136	マメと靴擦れの予防	
137	防水シューズの二面性	

139　運ぶ　Carry
- 139　パッキングの重心
- 139　圧縮しない、小分けしない
- 140　パックライナー
- 140　サポートバッグを活用

142　食べる　Eat
- 142　防臭と動物対策
- 142　場所とタイミング

144　泊まる　Sleep
- 144　発汗＆呼気
- 144　保温効果を高める
- 145　末端部の防寒
- 145　横になるだけで
- 146　濡れたシェルター
- 146　スリーピングバッグは濡らさない

147　生活　Life
- 147　ナイフよりハサミ＆爪切り
- 147　ファーストエイドはできる範囲で
- 148　リペア＆バックアップ
- 149　火を欠かさない
- 150　スペア衣類の優先順位
- 151　衣類を乾かす
- 152　水を凍らせない
- 152　カップルで歩く

154　ハイキングギアリスト

156　おわりに

158　参考文献

書斎にて

Arm Chair Ultralight Hiking

📖 書斎にて
Arm Chair Ultralight Hiking

01
歴史
History

ハイキングスタイルのひとつとしてアメリカで生まれ、日本でも認知されつつある「ウルトラライト」。アドベンチャーレースやトレイルランニングのキーワードでもある「ライト＆ファスト」とは何が違うのでしょうか。語られることが少なかったウルトラライトハイキングを理解するために、少し時間をさかのぼり、本場アメリカにおける誕生の背景に目を向けてみましょう。

01 History

ロングトレイルとスルーハイク

　アウトドア大国アメリカには、日本同様に数多くのトレイル（自然遊歩道・登山道）が存在します。そのなかには数時間で楽しめるものだけでなく、数百キロから数千キロにわたる長大なロングトレイルがあります。そうしたロングトレイルを春から秋にかけて一気に踏破することをスルーハイク、踏破するハイカーをスルーハイカーとよびます。ジョン・ミューア・トレイル、アパラチアン・トレイルをスルーハイクしている作家、加藤則芳の著書『ジョン・ミューア・トレイルを行く』（1999、平凡社）によって日本にもその文化が紹介されています。ウルトラライトハイキングとは、こうしたロングトレイルを歩くスルーハイカーによって培われてきたハイキングの手法なのです。

　数千キロのロングハイクともなれば、その期間は4～5カ月にもわたります。ロングハイクの入門ともいえるジョン・ミューア・トレイルでさえ全行程は約340km、1カ月弱かけて歩くことが標準とされています。こうした長い距離を歩くには、身体への負担が少ないに越したことはありません。また期間が長くなれば、天候や体調の変化にも対応しなくてはなりません。さらに、歩くことが常となる生活では、日々の作業がシンプルであることも負担を少なくする大事な要素です。また、最後に頼りになるのは道具で

01 History

はなく、あくまで自分自身。少しでも体力に余裕をもたせながら歩きたい。スルーハイカーたちは、彼らの目的であり喜びでもある「歩く」ということに、装備や方法をシンプルに絞り込みます。そのための最も効果的な手段が「装備の徹底的な軽量化」だったのです。ウルトラライトハイキングのベースにあるのは「少ない負担で」「長い距離と時間を」「歩き続ける」ことです。最初から「走るため」「急ぐため」を目的とした軽量化とは、やや趣を異にしています。スルーハイカーにとって「速さ」は目的ではなく、あくまで結果です。速さを目的とする「ライト＆ファスト」というキーワードは、軽量化のメリットをわかりやすく伝えるためにアウトドアマーケットが生み出した、従兄弟のような存在といえるでしょう。

走るためではなく、歩き続けるための軽量化。その典型は半世紀以上前、あるおばあちゃんによってなされたハイキングに見ることができます。

エマおばあちゃんの快挙

アメリカのスルーハイカーの間で語り継がれる女性、エマ＝"グランマ"＝ゲイトウッド（Emma Gatewood：1888-1975）。半世紀以上前に彼女が実践したシンプルでライトなハイキングは、まさに伝説といってよいものです。彼女こそ「ウルトラライトハイキングの母」といえる存在なのです。

そんな彼女の特筆すべきハイキングの歴史は、驚くべきことに普通なら定年を迎える年齢から始まります。1954年、67歳の彼女は3500kmにおよぶアパラチアン・トレイルをスルーハイクします。単独女性としてはもちろん、史上初の快挙です。さらにその2年後には、再びアパラチアン・トレイルをスルーハイクしています。このときは4カ月半、休養日をいっさいとらずに歩き続けています。69歳という女

📖 01 History

性最高齢記録は驚愕に値するものでしょう。彼女はその後5年間、アパラチアン・トレイルを分割してのハイキングを続け、ついに3回目の踏破も成し遂げます。その他にもオレゴン・トレイル（オレゴン）、ロング・トレイル（バーモント）、ベイカー・トレイル（ペンシルバニア）、バッキー・トレイル（オハイオ）等、全米のトレイルに彼女の足跡は刻まれています。その年齢からは想像できないエネルギッシュなハイキングは、いったいどのようになされたのでしょうか。

彼女のスルーハイク、ロングハイクの快挙を支えたのは、若い頃から農業を営んできた健康な身体であると彼女自身が発言しています。しかしそうはいっても、70歳に近い年齢です。健康な身体をベースとしつつ、彼女はハイキング中に持つ荷物を、食料や水を含めても20ポンド（約9kg）以下に抑えました。

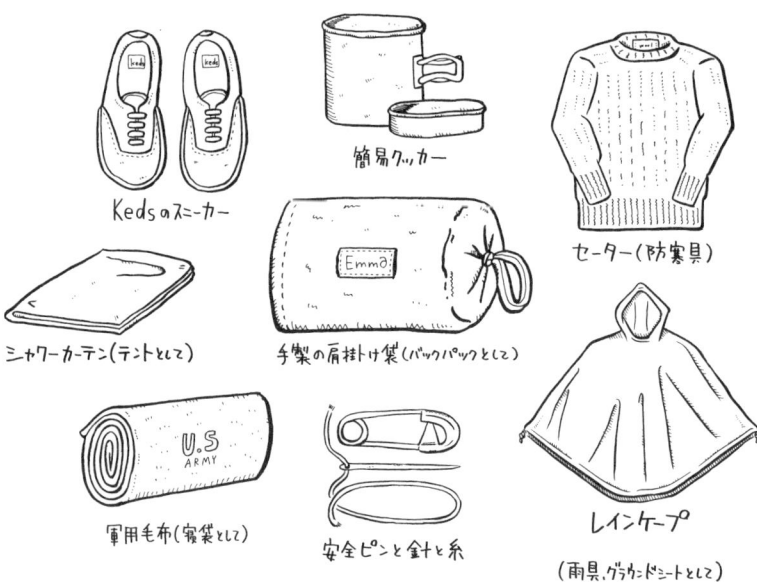

エマおばあちゃんの荷物

- Kedsのスニーカー
- 簡易クッカー
- セーター（防寒具）
- シャワーカーテン（テントとして）
- 手製の肩掛け袋（バックパックとして）
- 軍用毛布（寝袋として）
- 安全ピンと針と糸
- レインケープ（雨具、グラウンドシートとして）

Total → under 20 pounds (9kg)

01 History

このシンプルでアイデアにあふれた道具が、彼女とスルーハイクを共にしています。こうした道具で高齢の女性が3500kmを単独スルーハイクしたという事実。アパラチアン・トレイルが位置するのは、雨も多く湿潤なアメリカ東海岸です。乾燥したアメリカ西海岸とは異なり、むしろ日本に似通った気候のもとでおこなわれた彼女のハイキングは、わたしたち日本のハイカーにも、歩き続けるためのヒントをくれるはずです。

本当に必要な道具は何か。担ぐに値する道具は何なのか。快適のために最新の道具をやみくもに集めた結果、重くなりすぎて、ちょっとのハイキングなのに疲れ果ててしまう。そんな寓話から自由になるためのヒントが、ここにはあるはずです。

エマおばあちゃんの快挙から約半世紀、彼女がまいた種子に水と養分を与えるハイカーが現れます。

その「向こう側」をめざしたレイ・ウェイ

アメリカにはトリプルクラウンと呼ばれ、スルーハイカーが憧れる3つの長大なトレイルがあります。アメリカを南北に貫くそのトレイルとは、エマおばあちゃんの伝説の舞台となった東海岸のアパラチアン・トレイル（AT 3500km）、ロッキー山脈をいだき大陸中央分水嶺を旅するコンチネンタル・ディバイド・トレイル（CDT 4700km）、そしてウルトラライトハイキングとロングトレイルカルチャーを熟成させた西海岸のパシフィック・クレスト・トレイル（PCT 4200km）です。

このなかでPCTは砂漠から高山までという多様な自然景観の美しさに加え、西海岸主要都市からも近く、補給の便もよいことから数多くのスルーハイカーに愛され、道具や手段が試行錯誤される場となりました。そんなPCTを舞台としたスルーハイクの技術

ウルトラライトハイキングの父
RAY JARDINE

工学博士、クライマー、カヤッカー、スカイダイバー、と多彩な経歴をもつ。

01 History

は、1992年にひとつのかたちになります。レイ=ジャーディンによって著された『PCT Hiker Handbook』です。この本の出版により、ライトウェイトでシンプルなハイキングへのアプローチはさらに加速していくのです。

　アメリカにおけるスルーハイクの歴史で、エマ=ゲイトウッドがウルトラライトハイキングの母であるなら、現代のシーンに実質的な影響を与えたハイカーであるレイ=ジャーディンは、まさにウルトラライトハイキングの父といえます。彼の実績と著作、そこに示された「レイ・ウェイ」とよばれるスタイルがなければ、ウルトラライトハイキングというムーブメントは起こりえなかったはずです。

　彼は1970年代にヨセミテを舞台にクライマーとして活躍。フリークライミングにおける当時の世界最難レベルを押し上げただけでなく、岩には何も残さないというクリーンクライミングの理念を具現化した道具「カム・デバイス」の発明者としても有名です。工学博士でクライマー、カヤッカー、スカイダイバーと多彩な経歴をもつ彼は、1980年代後半からはロングトレイルのスルーハイクに傾倒、トリプルクラウンを脅威の日数で次々とスルーハイクしていきます。

```
1987  PCT  （4200km  4カ月と2週間）
1991  PCT  （4200km  3カ月と3週間）
1992  CDT  （4700km  3カ月と3週間）
1993  AT   （3500km  2カ月と28日）
1994  PCT  （4200km  3カ月と4日）
```

　こうして積み重ねられた実践により、ライトウェイトでシンプルな独自の技法が確立されます。彼のバックパックはハイキング中に補給・消費する水、食料、燃料を除き8.5ポンド（約3.86kg）という軽さにまで達しているのです。彼の思想と極意は「レイ・ウェイ」と呼ばれ、『PCT Hiker Handbook』を通じてスルーハイカーの間に浸透していきます。

　なぜそこまで軽くできるのか。彼は自らの経験に基づき、スルーハイクの道具はシンプルであることが必要十分だと唱えます。そして道具を工夫し、自作し、歩くというスタイルによって軽量化を実現しました。自ら考え、作り、責任をもち、実践するというスタイルは、単なるハイキングスタイルというよりも、自立的・自主的ライフスタイル

01 History

スルーハイカーあこがれの3つの長大なトレイル

TRIPLE CROWN

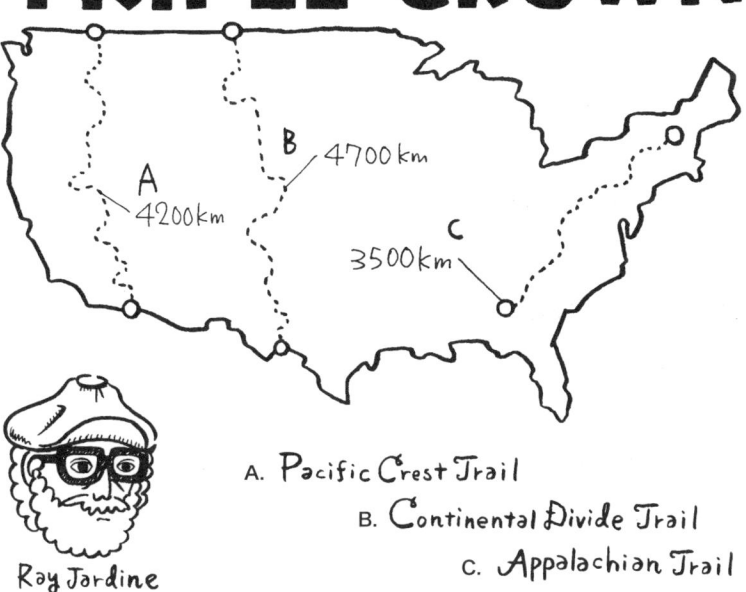

A. Pacific Crest Trail
B. Continental Divide Trail
C. Appalachian Trail

Ray Jardine

の実践であるといえます。マーケット主導のハイキングからハイカー主体のハイキングへ。レイ・ウェイはハイキングの思想でもあるのです。彼自身は「ウルトラライトハイキング」という表現を用いてはいませんが、彼の思想と流儀がウルトラライトハイキングというムーブメントを誕生させたことは間違いありません。

『PCT Hiker Handbook』は2000年に『Beyond Backpacking』、2008年に『Trail Life』と改題されました。「バックパッキングを超えて」「途上の生活」、彼のめざしていたものをうかがわせる感慨深いタイトルのように思えます。

「過剰な道具は必ずしもハイキング＆キャンピングの楽しみや安全の本質ではない」
　　レイ＝ジャーディン（『Beyond Backpacking』 2000）

📖 01 History

広がるウルトラライトハイキング

　アメリカでレイ=ジャーディンが著した『PCT Hiker Handbook』、改訂版『Beyond Backpacking』。そのレイの技術をプロダクト化することからスタートしたギアメーカーGOLITEは、1990年代から2000年代前半にかけてのウルトラライトハイキングを先鋭的に主導してきました。それから約10年、現在はライアン=ジョーダンが運営するBackpacking Light.comが情報の中心地となり、数多くのガレージメーカーがその独創的なアイデアをかたちにすることで、ウルトラライトハイキングが拡大・浸透しています。この流れはアメリカだけに留まらず、日本にも波及しています。

　日本では2000年頃からアメリカの動向に敏感なハイカーが、ウェブサイトを中心にウルトラライトハイキングを紹介してきました。ピラミッドシェルターやハンモックシェルター、ジェットボイルをいち早く詳細なレビュー翻訳で紹介した川崎一のサイトは、信頼ある海外ソースからの情報にあふれています。早くから「ウルトラライトハイキング」というサイトを立ち上げていたのは大畑雅弘。同サイトでエマ=ゲイトウッドの偉業を知った日本人ハイカーは多いはずです。数多くの海外トレイルの記録やリンク集が充実し、ポータルサイト的意味合いも強いものでした。登攀ではなく歩きの登山を

01 History

ロジカルに追求した加藤英雄は、日本における長距離＆長期縦走の可能性と方法を、自らの実践を通じて「長期縦走原論」として公開、そのなかでレイ・ウェイの背景とその限界について的確に論評しています。そして海外ガレージメーカーの道具を自ら購入し批評するブログを立ち上げた寺澤英明は、その理系的素養に裏打ちされた圧倒的情報量から多くのハイカーに影響を与え、「ウルトラライトハイキング」というスタイルを広めました。また2003年には日色健人がPCTをスルーハイク。自らの経験から、PCTスルーハイカーのスタイルをホームページで紹介しています。そして2009年には舟田靖章が、ウルトラライトハイキングのスタイルでPCTスルーハイクをおこないました。ロングトレイルカルチャーにも言及した彼のサイトは2011年現在、ウルトラライトハイキングを理解するには最も優れたもののひとつです。

　こうした流れのなか、日本でもウルトラライトハイキングを志向するハイカーが少しずつですが増えています。シンプルな道具で自然とのかかわりを重視するハイキングスタイルが、自然志向のハイカーに興味をもたれ、受け入れられています。
　いまやウルトラライトハイキングはスルーハイカーのためのマニアックな戦術にとどまらず、ハイカーとしての自己を表現するためのスタイルにもなっているのです。

📖 **書斎にて**
Arm Chair Ultralight Hiking

02

哲学
Philosophy

　多くのスルーハイカーによる試行錯誤はレイ゠ジャーディンにより、レイ・ウェイというひとつのハイキングスタイル＆ライフスタイルとして提示されました。これが単なる軽量化の方法に留まらず、ウルトラライトハイキングという「スタイル」になりえたのは、そこに「哲学」とよべるものが内在していたからです。

📖 02 Philosophy

大事なのは、道具を軽くすることではなく、
自然とつながる感覚を得ること!!!

自然との濃密な関係

　ウルトラライトハイキングのバイブルともいえる『Beyond Backpacking』では、軽量化のための方法や装備についての考え方にその大部分が割かれています。しかし冒頭で最も強調されているのは思想的な側面です。
　家財道具をいっさいがっさい持ち出すかのようなおおげさなハイキングスタイルでは、身の回りが道具であふれかえってしまいます。これでは自然のなかに身を置いても、自然からは遠ざかってしまうのではないか。そんな疑問が投げかけられています。人によってハイキングやキャンプの目的は異なりますが、その核は何でしょう。装備を運び歩くことでしょうか。テントを立てることでしょうか。それらはあくまで枝葉なことに過ぎません。幹となるべきことは、自然のなかに身を置き、自然を感じることではないでしょうか。

02 Philosophy

　　自ら運べるものを運び
　　自然のなかをやさしく歩き
　　自然のなかでそっと静かに眠り
　　自然の営みに気づき
　　自然とのかかわりを考える

　ハイキングの核とは、こうしたシンプルな営みにこそあるはずです。ライトウェイトでシンプルな道具によるハイキングスタイル。それはハイカーと自然との関係をより濃密なものにするためのスタイルです。
　こうした命題は「アースフィロソフィー」「コネクション」または「リンケージ」などと表現され、ウルトラライトハイキングにおいて実は最も重要視されています。道具を軽くするのではなく、自然とつながる感覚を得ること、それこそがウルトラライトハイキングの核なのです。

インパクトの軽減と分散

　自然とつながる感覚を重視するウルトラライトハイキングでは、ハイキング＆キャンプスタイルそのものが環境に対してローインパクトであることをめざしています。では、ハイキングの中心である「歩くこと」「寝ること」において、具体的には何が意識されているのでしょうか。

　荷物が軽いウルトラライトハイキングでは、歩く際の腰・膝・足首への負担が大きく軽減されます。そのためハイカーの多くは堅牢な登山靴に頼らずに軽量なランニングシューズ、トレイルランニングシューズを履いています。柔らかで軽いこれらのシューズはトレイルに与えるインパクトを大きく軽減してくれます。また荷物が軽ければ歩行の自由度も高く、多少歩きにくいところでも環境にダメージの少ないルートを選択できます。少しでも歩きやすいところを選んだ結果でしょうか、トレイルを外れて踏み跡がついていることがあります。こんな、トレイルを必要以上に広げてしまう歩き方を避けることにも役立つでしょう。また湿原や花畑の木道が壊れていたら、そこを軽く飛び越えることもできます。やむを得ずトレイルを外れて歩くような場合でも、環境へのイン

📖 02 Philosophy

パクトは少しでも軽減するに越したことはありません。

環境へのインパクトは歩き方以上に、キャンプのあり方に左右されます。踏み固められ広がった裸地、焚き火の不始末の跡、捨て置かれたトイレットペーパー、投げ捨てられたゴミ。そんなキャンプサイトを目にしたことはありませんか。そうしたキャンプは決して自然とつながるスタイルとはいえません。また他のハイカーが自然とつながることを阻害してもいます。人が泊まる以上、その痕跡をゼロにすることは不可能かもしれませんが、限りなくその痕跡を小さくして立ち去る。そんな「誰からもその跡が見えない」キャンプスタイルを、レイ゠ジャーディンは「ステルスキャンプ」として提唱しています。その典型的なスタイルは、

宿泊地に着く前に調理＆食事を済ませ
食後にもしばらく歩き
宿泊地ではただ眠るだけ
出発するときは動かしたものをもとに戻す

というものです。キャンプに伴う「調理」「食事」「就寝」というインパクトが生じる行為を一カ所に集中させるのではなく、分散させるという考え方です。また、その宿泊形態は日本語でいえば「野宿」のような、いたってシンプルなものです。ウルトラライトハイキングのキャンプというとタープやフロアレスシェルターのかたちだけが注目を浴びがちですが、その背景にある「インパクトの軽減と分散」という考え方こそが重要なのです。

アメリカのトレイルには日本のようなキャンプサイトは存在しません。ハイカーはどこでも自由にキャンプができます。しかしそこには、トレイルから離れ他のハイカーから見えないこと、水源から離れていること、というふたつのルールが存在します。もともとアメリカにはインパクトの分散というステルスキャンプを生み出す素地が十分にあるのです。日本では山岳地が急峻なため、どうしても幕営適地が限られてしまいます。インパクトを分散するのではなく、集中させることで他の自然環境を守るという考え方になるのはやむを得ないことなのでしょう。

アメリカ的なステルスキャンプはいまのところ日本では現実的ではありません。しかし、宴会を楽しむキャンプではなく、自然のなかで静かに過ごすキャンプのあり方、シンプルな道具で痕跡を残さずに立ち去るという意識は、日本でもきっと大切であるはずです。またハイカーの多い時期や場所を外してハイキングに出かけることは、日本でも可能なインパクトの分散方法かもしれません。静かな山で静かに野宿してみてはいかがでしょうか。

自然回帰運動の後継者

装備の軽量化だけを取り上げるなら、ウルトラライトハイキングはたしかに極端で過激かもしれません。しかしその根源には「自然回帰」というアウトドアカルチャー、バックパッキングカルチャー本来の出発点が純粋なかたちで存在しています。

1968年、アウトドアカルチャーに大きな影響を与える著作が出版されます。コリン＝フレッチャーによる『The Complete Walker』です。この本の出版が引き金のひとつとなり、アメリカでは「Into the Woods（森へ還ろう）」という自然回帰運動が起こります。それはバックパッキングカルチャーとして大きなうねりとなり、多くの若者を魅了していきます。必要にして最小限の道具を背負い、自然のなかを歩く。それはまさし

📖 **02 Philosophy**

INTO THE WOODS

く自らの生き方を振り返り、自然の営みを知り、人間と自然との関係を考えるという行為であったはずです。時代的にも新たなライフスタイルが求められていたこともあり、そのうねりは世界中に広がっていきます。そうです、バックパッキングカルチャーとは「歩く」という単純な行為のすばらしさと可能性を考えるとともに、新しいライフスタイルを模索する文化的な運動だったのです。日本では1978年に芦沢一洋が『遊歩大全』として邦訳し、このバックパッキングのバイブルを紹介しました。その後も田淵義男、加藤則芳などにより様々な著作でバックパッキングという文化が披露されます。これらの作家に共通するのは、バックパッキングとは思索であり、旅であり、哲学であると、

02 Philosophy

とらえている点ではないでしょうか。自然を歩くという行為そのものは日本でも「登山」として存在しました。にもかかわらず、当時の日本の若者がバックパッキングに魅せられたのは、そこに「新しい思想」が感じられたからに他なりません。

へビーデューティーという言葉と対比しやすいからでしょうか、ウルトラライトハイキングはバックパッキングと対立するスタイルとして捉えられることがあります。しかしそれは便利な道具ならすべて持ち込もうとする、ゆきすぎたバックパッキングに対してです。バックパッキングとはもともと「何を持っていくかではなく、何を置いていくか」といわれるシンプルな行為であり、当時の最軽量な道具を活用しています。おもしろいことに『遊歩大全』にはタープやフロアレスシェルター、ポンチョなどのイラストが数多く見られます。

ウルトラライトハイキングは自然回帰の点でも、必要最小限の道具しか背負わない点でも、そして「歩く」ことそのものに重きをおく点でも、バックパッキングカルチャーの後継者といえるのです。

「歩くという、限りなく単純な行為から得るものの、なんと多いことか」
　コリン=フレッチャー（『The Complete Walker』 1968)

軽さの向こうにあるシンプル＆スマート

荷が軽ければウルトラライトハイキングなのでしょうか。「ライトウェイト」「ウルトラライト」とは、誰もがイメージできるわかりやすい表現です。はかりを使えば数字で示すこともできます。しかしその哲学を眺めてみると、「軽さ」は決して目的ではないことがわかります。手段であり、目的を達成するための前提のようなものだといえます。

ウルトラライトハイキングはスルーハイクのコツから生まれました。長きにわたるトレイルでの生活を、スマートに過ごすためのスタイルです。シンプルなハイキングスタイルなら自然をダイレクトに感じられ、そのかかわりは濃密になります。述べてきたように、「自然とつながる感覚」を重視するなら、もはやハイキングの期間は問題ではありません。日帰りのデイハイクであれ、数カ月にわたるスルーハイクであれ、「自然とつながる感覚」を得ることこそがウルトラライトハイキングの目的だといえます。

ウルトラライトハイキングにおいて「軽さ」は重要です。しかし「軽さ」にとらわれ

02 Philosophy

てはいけません。その向こう側にある「シンプル＆スマート」なあり方こそが重要です。ウルトラライトハイキングはシンプルハイキングでもあり、スマートハイキングでもあるのです。

Light ≦ Simple, Smart

📖 書斎にて
Arm Chair Ultralight Hiking

03

原則
General Rules

「過剰な装備は必ずしもハイキング＆キャンピングの楽しみや安全の本質ではない」（レイ＝ジャーディン）。もちろん、重い装備よりも軽い装備が安全だといっているわけではありません。本当に必要な装備は何か。担ぐに値する装備は何なのか。それを選択するための原理原則を見てみましょう。

📖 03 General Rules

ベースウェイトという基準

　巷にあふれる軽量ギアを集めることが「ウルトラライトハイキング」ではありません。レイ・ウェイで示され、多くのスルーハイカーによって確立されたこのムーブメントは「重量の量り方」「背負う重量の基準」の目安をはっきりさせました。これによって装備重量の比較・検討・改良をハイカー間で共有できるようになりました。パッキングしたバックパックを持ち上げて、なんとなく重い・軽いと比較する、そうした主観的・感覚的なものから客観的・数値的なものになったのです。つまり、何をどこまで軽くすれば快適になるのか、その目安がはっきりしたということです。もちろんあくまで「目安」であって、ウルトラライトハイキングを決める厳格な「定義」ではありません。ハイキングを劇的に自由に、快適に、安全にするための目標値なのです。

　装備重量の量り方には次の3つがあります。

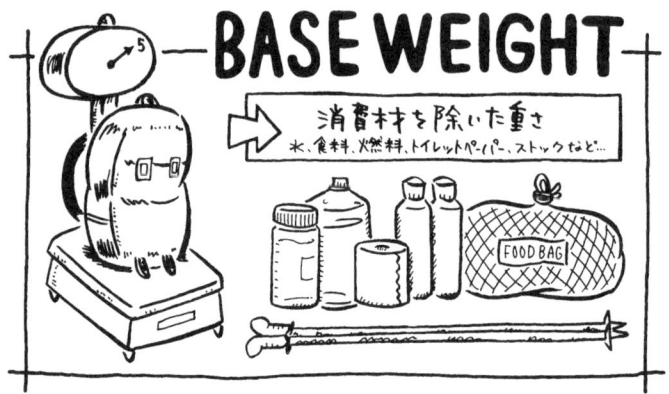

重量の量り方をはっきりさせることで、何をどこまで軽くできるのかが、みえてくる。

ベースウェイト　BASE WEIGHT

　水・食料・燃料といった消費材を除いたバックパックの重量を量る方法です。数カ月にわたり数百キロ、数千キロを歩くスルーハイカーは、ハイキング中に消費したものを補給しなくてはなりません。そこで、消費＆補給されるアイテム（主に水・食料・燃料）を除いて装備重量を量り、対比させます。これによってハイキングの行程や期間の長短

に関係なく、ハイカーの装備が比較できるようになりました。あくまで背負うバックパックの重量であって、歩行時の衣類や靴、ポケットの中のものは含みません。またストックも慣例的に含みません。そのためポケットに装備を詰め込めばベースウェイトが軽くなるというマジックもありますが、それは常識で考えましょう。

パックウェイト　PACK WEIGHT

日本をはじめ、伝統的なバックパックの量り方です。ハイキングをスタートするときの、水・食料・燃料などすべてを含んだバックパックの重量がこれにあたります。こちらもハイカーが着ているもの、ポケットの中のものは含みません。実際に背負う重量がリアルにわかるのはメリットですが、ハイキングの行程や期間によって消費材の重量が激しく変化するので比較が難しいところがデメリットです。

スキンアウト　SKIN OUT

最も完璧な装備の量り方といえます。その名のとおり、ハイキングをスタートするときにハイカーが持っている装備、着ている衣類等すべてを含んだ量り方です。装備の全重量を把握できますが、軽量が仔細にすぎるのでほとんど使われていないようです。

スルーハイクの実践から生まれ、軽量化をめざしたウルトラライトハイキング、それを志向するハイカーの間で最もポピュラーかつスタンダードな計量方法は、ベースウェ

📖 03 General Rules

イトです。次に、1泊以上のハイキングにおけるベースウェイトの目安を、区分ごとに見てみましょう。

　ベースウェイトの目安には様々な意見がありますが、アメリカの多くのハイカーの試行錯誤を経て落ち着いたウルトラライトハイキングの目安は、おおよそ10ポンド（約4.5kg）です。自然環境や気候の異なる日本でそれを当てはめるのは難しいですし、まだまだデータも足りませんが、ウルトラライト志向の日本のハイカーたちも、無雪期には5kg以下を目標値としていることが多いようです。

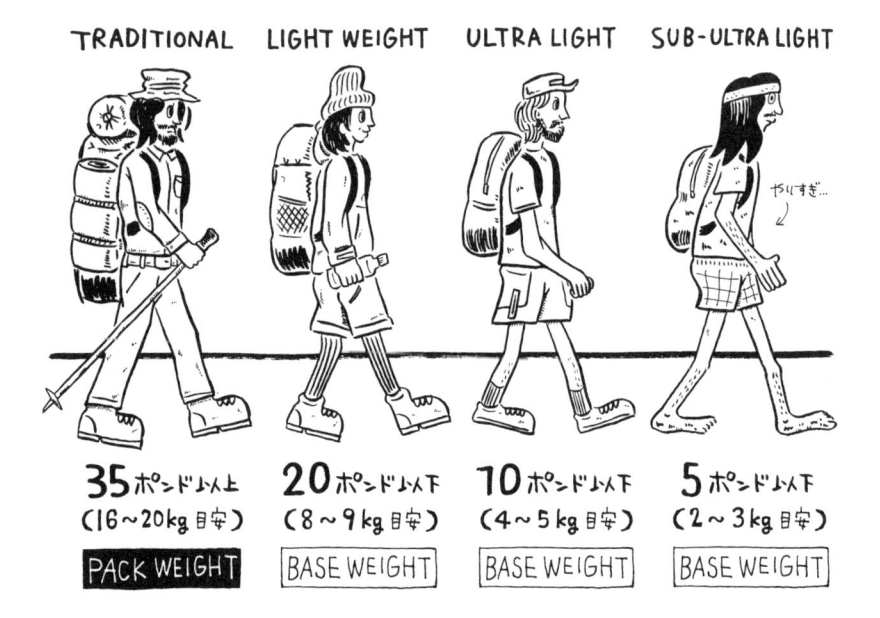

TRADITIONAL	LIGHT WEIGHT	ULTRA LIGHT	SUB-ULTRA LIGHT
35ポンド以上 (16〜20kg目安)	20ポンド以下 (8〜9kg目安)	10ポンド以下 (4〜5kg目安)	5ポンド以下 (2〜3kg目安)
PACK WEIGHT	BASE WEIGHT	BASE WEIGHT	BASE WEIGHT

5つの福音

　ベースウェイト4〜5kgという「軽さ」には、いったいどんな意味があるのでしょうか。ハイカーはここまで荷物を軽くすることで、いったい何を得られるのでしょうか。バックパックを軽くすることにしか興味がないなら、それはアウトドアギアマニア

03 General Rules

の自己満足でしかありません。現代の平均的なハイキングギアを集めれば、「LIGHT WEIGHT」は簡単に実現できます。しかし10kg近い荷物を担いだことはありますか。普段担がない重量をいきなり背負ってハイキングに行くのは、とても大変なことです。疲れてうつむき、せっかくの景色も楽しめない。あげくにバテて動けなくなってしまう。安全のために背負った装備がかえって自分を苦しめる。そうならないためにはトレーニングが必要でしょう。でもトレーニングの時間がなかなかとれない。怪我や故障をかかえている。そんなハイカーのためにもウルトラライトは有効です。日帰りも、小屋泊まりも、テント泊も、同じようなバックパックの重量でいける世界があるのです。ハイカーはきっと「軽さがもたらす何か」に惹かれているはずです。ベースウェイトを5kg以下にすれば、ハイキングは劇的に変化するのです。そんなウルトラライトハイキング5つの福音。

快適になる
限界を引き上げる
発想が豊かになる
自分を見つめなおせる
自然との結びつきが強まる

　背中の荷物が軽ければ疲れにくく、軽快に快適に歩ける。これがウルトラライトハイキングがもたらす、最大の喜びにして大前提であることは間違いありません。重荷を背負うわけではないので、捻挫や筋肉痛といったちょっとした、でもじわじわとハイキングの楽しみを奪う怪我もグッと少なくなるはずです。
　すると、きっと長い時間をかけて長い距離を歩けるようになります。また普通に歩いているつもりでも、重い荷物のハイカーに比べれば速いペースで軽快に歩けるでしょう。その結果、たどり着けないと思っていたあの山の向こうまで歩いていけるかもしれないのです。ハイキングの限界や範囲に大きな広がりが生まれるはずです。
　また、荷物を軽くするためには様々な工夫をこらさなければなりません。本当に必要な道具は何か。何通りにも使える道具はどれか。道具を工夫＆改良できないか。道具とその使い方についての発想が豊かに柔軟になっていきます。既成概念にとらわれることなく、道具の斬新な使い方を考える。この過程も、ウルトラライトハイキングの大きな魅力のひとつです。

📖 03 General Rules

TRADITIONAL STYLE

ULTRA LIGHT STYLE

荷物が軽いと ラクチンだぜ〜

※あたり前だけど、大事なコト！

　こうして選んだ道具を使いこなすのは、あくまでもあなたです。季節や山域をふまえて選んだ道具を目の前にして、それを使いこなせるか、本当にこれで大丈夫だろうか、毎回、自身に問いかける過程はハイカーとしてのあり方を見つめなおす大事な時間になることでしょう。そしてそれはハイキング中も、その後も続くのです。ハイキングがすばらしいものになっても、残念なことに途中で引き返すことになっても、その一回一回がハイカーとしての自分を成長させる糧となるはずです。

　ウルトラライトハイキングの父ともいえるレイ＝ジャーディンは、著作の冒頭で「自然との結びつき」を重視することを繰り返し訴えています。軽い道具としなやかな発想で、自然と折り合いをつけながら自由に旅をする。ハイカーの身の回りにあるのはシンプルな道具、おのずと自然との距離は近くなるはずです。風の音、草の香り、土の感触、雨の雫。自然の美しさや厳しさを身近で感じることでしょう。そんな「自然とつながる瞬間」に出あえることこそ、ウルトラライトハイキング最大の福音なのではないでしょうか。

荷物を軽くするための アイデアはたくさんある

03 General Rules

軽くするための原則

ベースウェイト8〜9kgのライトウェイトから、4〜5kgのウルトラライトへ。

ウルトラライトハイキングがもたらす福音を手にするための道具選び。では実際にどうすればよいのでしょうか。自身の体力、経験、出かける地域、季節、様々な条件から装備は決まるものですから、むやみやたらと軽量なものだけを選んでも仕方がないし、基準となるベースウェイトは目標値でしかありません。自分なりのウルトラライトハイキングを実現するために気をつけることは何か。その原則を見てみましょう。

1. 各道具の重量を知る

自分が持っている道具や衣類、それぞれの正確な重量をご存じですか。カタログデー

03 General Rules

タを鵜呑みにしてはいけません。ひとつひとつ自分でしっかり量るのがいちばんです。

　重さを量ったら一覧表をつくりましょう。自分の手で作業することで、意外と軽いもの、意外と重いものが認識でき、少しずつ自分の基準がはっきりしてきます。ちょっとした道具（重さ）の積み重ねが、いかに軽量化を妨げているかが実感できるはずです。グラム単位のはかりでひとつひとつ、スタッフバッグにいたるまで量りましょう。自分の体重を知らないとダイエットの目標は立てられないのと同じことです。

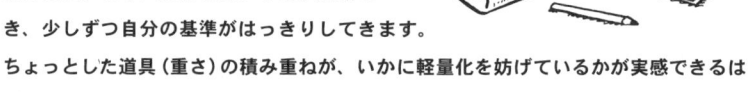

2. 重たいものから対策を練る

① BACK PACK
② SHELTER
③ SLEEPING BAG & MAT

3大アイテム
Total Weight
2.5kg〜3kg 目標

　バックパック、スリーピングバッグ＆マット、シェルター。1泊以上のハイキングでまずすべきことは、これら3大アイテムの総重量を減らすことです。無雪期なら最初は3kgを目標に、できれば2.5kg以内をめざしましょう。このハードルがクリアできれば、ハイキング中の体力消耗は劇的に変化するはずです。そして意外なキーポイントは調理器具。3大アイテムのダイエットに不安を感じるハイカーには、調理器具の見直しをおすすめします。ハイキングで何を食べていますか。お湯を沸かすぐらいでいいなら、思い切りシンプルに軽くすることができます。

　それに付随して気にかけたいのが水と食料。ベースウェイトには含まれませんが、自分の歩行中の給水ペースや1回の食事で使用する水の量を把握しましょう。どこの水場でどれくらい補給するか計画を立てておくと、持ち歩く量が減るだけでなく、「水の不足」

という不安要素も減ります。もちろん燃料計算も忘れずに。

3. ひとつの道具を多用途に使う
　アイデアを働かせ、ひとつの道具を様々な場面に対応させることは、軽量化の要です。シンプルな道具は想像力と工夫しだいで多目的アイテムになります。無駄なものがついていないからこそ、様々なニーズに応えられるのです。
　たとえばダウンジャケット＆パンツ。防寒着としてだけでなく、寝具としても活用してみてはいかがですか。そう「着る寝袋」です。それをふまえて寝袋を選ぶだけで、あなたの寝袋はワンランク軽くなるはずです。手がかじかむほど急に冷え込んだ朝方は、替えソックスをミトン代わりにしてもいいのです。

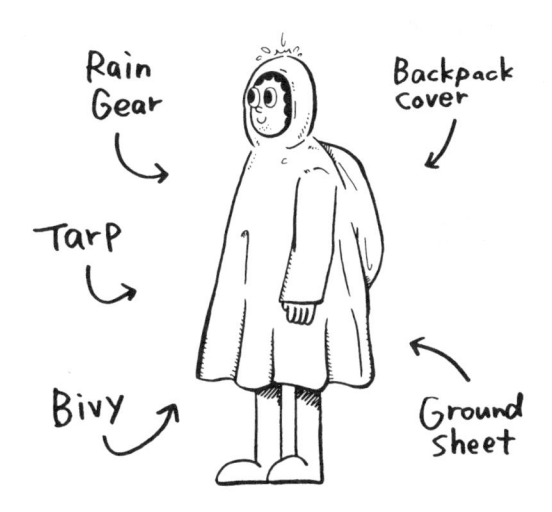

4. 安全で信頼がおける、修理可能な道具を選ぶ
　荷物を背負い、トレイルを歩き、風雨を避け、食事をとり、眠りにつく……。
　自然のなかに入っていくためにまず安全を確保することは、すべての野外活動の基本です。今の自分には何が必要か？　今度の山はどんなところか？　自分の能力と安全とのバランスをしっかり考えましょう。快適のための装備は減らしても、安全のための装備を減らしてはいけません。そしてできるだけ修理可能な道具を選びましょう。壊れない道具はありません。壊れてしまったときに現地で応急処置ができる点も重要です。シ

03 General Rules

ンプルな道具ほど修理しやすいものです。針と糸、安全ピン、ダクトテープは必需品です。

5. 必要ななかで最小のものを選ぶ

まず考えるべきことは「自分にとって」必要かつ安全のためのものかどうか。そのうえで、もっと小さく軽いものに置き換えられないかどうか。軽さだけを無条件に追い求めるのではなく、必要で安全、かつ信頼のおけるもののなかでより軽く小さいということが重要なのです。風雨を避け、体温維持をはかる道具については、特に安全マージンを意識してみましょう。

GOOD
バンダナ
・軽い、乾きやすい

BAD
タオル
・がさばる、乾きにくい

6. 使えないもの、使わないものは持っていかない

タオルや着替え等を必要以上に持ってはいませんか。いつもなんとなく持っていってしまうけれど結局使わないもの、なくても困らないものが、バックパックの中には意外と多いものです。また、ファーストエイドキットやリペアグッズは省いてはいけないものですが、必要以上の量を持っていってはいませんか。ものは過剰には「持っていかない」、これが最大の軽量化です。

「バックパッキングとは何を持っていくかではなく、何を置いていくかだ」。昔のハイカー&バックパッカーはいいことを言っています。

7. 2つの原則

ウルトラライトハイキングでは「自分の能力」「道具の機能」「フィールドの状況」この3つのバランスをふまえて、何を持っていくかを決めます。自分の能力に不安があれば道具でカバーし、フィールドの状況次第ではさらなる軽量化も可能です。世界中のあらゆる環境に対応するための正解は、残念ながらウルトラライトハイキングにはありません。「今の自分を知る」「目的地の状況を把握する」。自然に入るときに最も重要なこの2つの原則は、ウルトラライトハイキングだからこそ意識をはらうべきものなのです。

03 General Rules

システムで考える

ウルトラライトハイキングが「道具の単なる軽量化」とは決定的に異なる点は、

哲学 —— 徹底したローインパクト思想
原則 —— 道具のシステム化

この2点を明確に意識したハイキングムーブメントであるということです。
　実際の軽量化にあたっては、先に述べた原則のうち「ひとつの道具を多用途に使う」という考え方がよりいっそう重要になります。このとき大事なのは、道具は"単品"ではなく"組み合わせ"で捉えるということです。ひとつの道具を様々な用途にあてることもあれば、様々な道具を一緒に使ってひとつの機能を果たすこともあります。バックパックの中の道具がシーンごとに結びついて必要な機能を果たす。これが道具をシステムで考えるということです。
　たとえば、

ポンチョやレインケープをレインギアとするなら、パックカバーも兼用する
インサレーションウェアは防寒着としてだけでなく、寝具としてスリーピングバッグと併用する
背面パッドがないバックパックにはスリーピングマットでパッド機能を代行する
フリーズドライ中心の食事なら、湯沸かしだけできる簡易ストーブで十分

こうしたことが挙げられます。このとき、インサレーションウェアとスリーピングバッグが一緒になって「寝具」の機能を果たしていますし、バックパックとスリーピングマットが一緒になって「運ぶ」機能を果たしています。道具を組み合わせると、それぞれの不具合を補ったり、相乗効果で使い勝手があがるなど、様々な利点が生まれると同時にバックパックは軽くなります。とかく日本では道具単体の重量ばかりが注目されがちですが、道具単体で「使える」「使えない」「軽い」「重い」と判断するのではなく、道具が機能するシーンにおいて、他の道具との連携も考えあわせて評価してみてはどうでしょう。

03 General Rules

　以上をふまえると、次のようにカテゴリー分けができます。
　参考までに無雪期2000〜3000mクラスの山を2〜3日ハイキングする際の重量の目安を挙げてみました。すべて日本で購入可能な道具で達成できます。

キャリング（運ぶための道具とその周辺）	**900g**
スリーピング（眠るための道具、屋根や寝具など）	**1600g**
クッキング（食事や水分補給に関係する道具）	**400g**
ウェア（防寒、雨対策、最低限の着替え）	**1200g**
アクセサリー（非常用品、救急用品など）	**700g**
ベースウェイト合計	**4800g**

　カテゴリーごとにどのような道具を組み合わせるか、機能を補完し合うことと重量を考えながら道具を選ぶのです。この作業は道具を知り、自分を知るには有意義です。道具どうしの関係、自分の経験との関係、目的地の状況との関係、こうした「関係」を考えながら道具を取捨選択し、それらの道具がまとまって機能を果たす。このように有機的につながった道具が詰まっているバックパックは、ひとつの生き物のようにハイカーをしっかりとサポートしてくれるはずです。

📖 **書斎にて**
Arm Chair Ultralight Hiking

04

日本の流儀
Japanese Style

　アメリカのスルーハイカーによって生み出されたウルトラライトハイキング。バックパックのベースウェイトを4〜5kgに抑え、シンプルなハイキングやキャンプを実践し、自然とつながる感覚を何よりも重視するハイキングスタイル。
　実はこうしたやり方や目的意識は日本では決して目新しいものではありません。古くから多くの岳人や旅人によって実践、表現されてきたのです。こうした先人の行為や言葉と、ウルトラライトハイキングとの共通点を眺めてみましょう。

04 Japanese Style

田部重治の提言

大正〜昭和初期の日本山岳界に偉大な足跡を残した田部重治。木暮理太郎とのコンビはあまりにも有名です。著書『日本アルプスと秩父巡礼』に収録された当時の山行記録は、100年後の現代でも色あせない魅力にあふれています。道も不明瞭で案内人を雇うのが一般的だった大正2年、田部ー木暮コンビは上高地ー剣岳の北アルプス縦走を案内人なしで実行、装備にも様々な工夫を凝らすなど、当時の岳界をリードする存在でした。田部の興味と足跡の多くは日本アルプスと奥秩父に注がれます。「冒険的」で「危険に拮抗するような」(『観想』1924)数々の山旅が遂行されると、その心境にはしだいに明確な変化が表れます。『日本アルプスと秩父巡礼』刊行から5年。岳人として最も脂がのった大正13年の随筆には、そうした心境の深化ともいえるものがうかがえます。それはウルトラライトハイキングの哲学を思わせる、自然とのかかわりです。

「即ち自然に対してもつ好奇心が、追々、自然との深い親しみ、自然との融和に変化しつつある」
「一径一草にもいいしらぬ親しみをもつようになって来つつある。そして私は心の底から山と融和することが出来るという感じが、追々、自然に私の心の底に湧きつつあることを感じている」

田部はその紀行文や随筆の多くに「旅」「あるき」「漂泊」といった語彙を用いています。岳人としての業績は「冒険的」といえる山旅に負うところは多いのも事実ですが、田部の山旅における精神的な核には、その初期から、旅をする地域や自然に対して深くつながりを持とうとする姿勢がうかがえるのです。

↑これは絶版ですが一部が岩波文庫『山と渓谷』に所収されています。

04 Japanese Style

　こうした深化に伴い、田部の興味や足跡は関東近郊の峠や高原へと広がりをみせます。そんな最中に記された昭和5年の随筆には、ウルトラライトハイキングの方法に通じる記述がみられます。

「荷物を背負ひすぎるために、旅の軽快さを減じてゐやしないかと思ふ」
「普通に山を行く場合は、三貫（注：約11kg）くらゐが精々で、五六貫（注：20kg前後）となると愉快を減じ、そして総括的に見て決して経済的ではない」

　この随筆には、同じ行程の学生が重い荷のため大きく遅れをとったという体験が記されています。荷物の軽さが旅の軽快さと愉快さを高めるという考えは、まさにウルトラライトハイキングの原則です。当時は案内人を雇い小屋を使わなければ、この軽さを実現することは不可能だったでしょう。こうした事情があるとはいえ「軽快に山を歩ける荷＝10kg程度まで」という目安は、ウルトラライトハイキングにおけるベースウェイトに水・食料などを加えた重量に、およそ相当するとは興味深いことです。

「登山靴は山の頂上付近、石多い土地を歩くに有効ではあるが、それ以外の場合には軽快を缺くおそれがあり、必要以上に私達を疲れさせる。（中略）もっとそれを軽くする必要がある」
「日本の登山は、徒歩する範囲が広いだけに、もっと登山靴を軽くしなければ登山の愉快は味はれない」
「私のやうに草鞋の軽さを痛感している人間には、今日の登山靴には全く閉口する」

　田部は木暮とおこなった上高地ー剣岳縦走の際もワラジを使用しています。生活のなかで歩くことに慣れていた、当時の人だからこその発言かもしれません。またワラジがあたりまえの時代だからこその発言でもあるでしょう。しかし、登山靴は舶来の道具と

04 Japanese Style

してもてはやされていた時代です。その利点を認めはするが、むやみにありがたがりはしない。自分の山旅にとって本当に必要なものは何かを考える。その姿勢こそ、道具の軽量化において最も重要な姿勢であることは昔も今も変わりありません。

田部重治は山旅の精神と目的を考え、その山旅を軽快に、愉快にするためには、という思いで語っているに過ぎません。しかし、その言葉の端々に既成概念にとらわれない柔軟性と先見性がみられ、日本におけるウルトラライトハイキングの種子がたしかにあることを感じずにはいられません。

渓流、そして岩と雪

田部重治のように日本の山岳史に残る人の言葉だけでなく、数多くの名もなき岳人が日本の山で試行錯誤してきた登山の実際、そこにもウルトラライトハイキングとの共通点を見いだすことができます。まずはウルトラライトハイキングが特別であるという先入観を捨て、その典型的なスタイルを客観的にみてみましょう。

　　パッド、ポケット、ストラップを極力省いたシンプルで軽いバックパック
　　宿泊で積極的に使われるタープ、フロアレスシェルター、ビビィサック
　　足元は軽く柔らかなランニングシューズやトレイルランニングシューズ
　　食事で重宝されるのは行動食や、調理が簡単でシンプルなもの

こうした光景は日本の登山スタイルにもはっきりと見てとれます。渓流釣りや沢登り、アルパインクライミング、バックカントリースキーなどでは、共通する技術が積極的に実践されています。日本でのこうした登山スタイルはアメリカに比べ、むしろはるかに長い歴史と実績があります。

渓流釣りや沢登りでは、背面の長い大きなバックパックは泳ぎの際に邪魔になります。クッション性に優れたたくさんのパッドは、水を吸って重くなるだけです。多くのスト

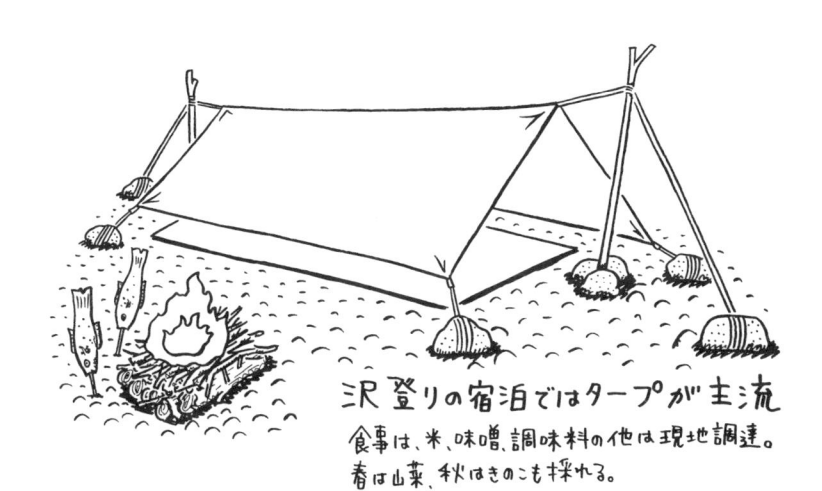

04 Japanese Style

沢登りの宿泊ではタープが主流
食事は、米、味噌、調味料の他は現地調達。
春は山菜、秋はきのこも採れる。

ラップは、源頭部の詰めでヤブやハイマツに引っかかってイライラさせます。

渓中での宿泊にはタープが多用され、雨対策にはシュラフカバーをビビィサック代わりにするなど、まさに野宿ともいえる自由でシンプルなスタイルが好まれています。足元はいまや渓流シューズが一般的ですが、地下足袋にワラジが日本オリジナルのスタイル。今でも足裏感覚と足首の自由さから渓流足袋を好む人は多いようです。アプローチや下山用には、昔からランニングシューズが人気です。食事は米＆味噌、調味料の他は現地調達が中心です。

アルパインクライミングでは、脚の動きを妨げるような過剰なウエストベルトは不要です。また、バックパックの重心が少しでも身体に近づくよう薄いパッドが好まれます。荷上げの際に岩角に引っかからないシンプルな構造が一番です。壁の中や狭い岩棚で眠るときはツエルトをかぶり、シュラフカバーをビビィサック代わりにしてビバークします。バックパックをマット代わりにする、薄いビバークマットをバックパックのパッド代わりにすることは常套手段。沢登り同様、アプローチや下山ではランニングシューズが使用され、ちょっとした岩場ならそのまま登ってしまうクライマーの話もよく聞きます。無雪期のトレイルな

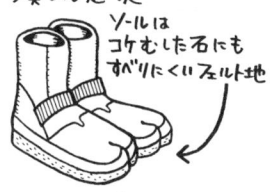

渓流足袋
ソールはコケむした石にもすべりにくいフェルト地

地下足袋にワラジという日本のオリジナルスタイルからの進化

📖 04 Japanese Style

らランニングシューズで十分だという話を最初に読んだのは、著名なクライマーの本でした。

バックカントリースキーや冬季登山においては、宿泊に雪洞やツエルトが積極的に利用されています。厳しい自然環境を行くには、食料の軽量化も重要です。冬季の行動食は一握りのアルファ米や数枚のクッキーといった、質素で最低限の食料計画がどこの大学山岳部でもあたりまえでした。

これらの活動はどれも山の美しさ、厳しさがダイレクトに体感できます。そこでは沢を遡行し、岩を攀じ登り、尾根や沢筋を滑る、そのことに装備も方法も収斂していく潔さがあります。厳しい自然環境だからというのもあるでしょうが、何が目的なのか、何が喜びであるのか、シンプルにそれを突き詰めた結果ともいえるのではないでしょうか。そこで実践されている多くのアイデアやテクニックは決して特別なものではありません。自然のなかに出かけるとき、本来はあたりまえだったと思われます。

ハイキングには移動に伴う特殊技術は必要ありません。しかし自然の中に出かけるという点では沢登り、クライミング、バックカントリースキーと何ら変わらないはずです。だからこそ、自然に対してシンプルにアプローチするこれらの活動に学べるはずです。もともとの山の厳しさを知るこれらの活動は、日本では長い歴史があります。日本のウルトラライトハイキングにとって、兄のような存在だといえるのではないでしょうか。

高山を駆ける、里山にひたる

ウルトラライトハイキングとの共通点が指摘されるものに、トレイルランニングがあります。まだマイナーともいえるウルトラライトハイキングに比べ、トレイルランニングはいまやメジャーに位置しているといえます。しかし「ライト&ファスト」というキーワードの普及もあり、一般には両者を同一視することが多いようです。とはいうものの、ウルトラライトハイキングとトレイルランニングとでは「軽さ」に対するアプローチの出発点がやや異なることは先に述べたとおりです。その一方で日本では、両者をつなぐ独自の試みがあります。

自身のバックボーンを登山にもつ岩瀬幹生は2002年、日本海から北アルプス・中央アルプス・南アルプスを越え、太平洋までを1週間で踏破するプライベートレースを立

04 Japanese Style

ち上げます。トランスジャパンアルプスレース（TJAR）とよばれるこのレースは1年おきに開催され、レースというよりも長距離縦走イベントの様相を呈しています。順位はつくものの、参加者それぞれが長距離縦走における自らの限界を押し上げるという側面が強く感じられます。また安全管理はもちろん、山中での行動・宿泊等はすべて参加者の判断に委ねられます。山での走力だけでなく、生活力・総合力が求められるのです。カモシカ山行という、長距離長時間行動のトレーニングは昔からありましたが、トレイルランニングの普及もあり、再びそうしたスタイルが注目されるようになったのでしょう。TJARは軽量快速登山への関心を高める役割を果たしています。そして「レース志向から縦走志向へ」という一部トレイルランナーの意識の変化も、この動きを加速させる一因になっています。トレイルランナーはウルトラライトハイキングなどの技術を取り入れることで、軽量快速登山への対応力を高めているといえます。

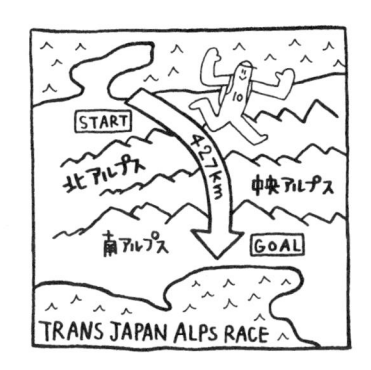

　こうしたハードな方向性とはまた違った動向も見ることができます。若いハイカーの多くが、近郊の里山や低山、峠にも視線を向けるようになってきたことです。一時の日本百名山ブームとはまったく異なる山への目線といえます。ウルトラライトハイキングの核でもある「自然とつながる感覚」に重きをおくのであれば、なにも高山に登ることのみを目標にする必要はありません。道具をシンプルにしたハイキングスタイルは、ダイレクトで濃密な自然とのかかわりを約束します。

　　木々や雲を見て　風を感じ　草花を愛で　星空の下で眠る
　　虫を払い　日差しをよけ　汗を拭う
　　雨をしのぎ　風を避け　濡れた身体を拭く

　結果、里山や低山の自然のなかにも感動や冒険を見つけることができます。より高く、より厳しい自然へとフィールドを広げるだけでなく、より身近な自然のなかにもフィールドを見つけ、見直す。それがウルトラライトハイキングで可能になります。また、急

📖 04 Japanese Style

　激な天候変化が起きやすい森林限界を超えた高山帯に比べ、樹林帯が多い里山や低山は、ウルトラライトハイキングの技術を試みるには適しています。

　山の高低にかかわらず、あるがままの自然を感じるハイキング。週末の2〜3日をシンプルに自然のなかで過ごすハイキング。そんな山歩きは昔から思索の場でもありました。また場所よりも精神性に重きをおくという点で、田部重治の提言とも通じるものがあるようです。こうした近郊ハイキングの新たな波は、日本独自のウルトラライトハイキングのスタイルといえます。

　数カ月にわたるスルーハイクの技法として確立されたアメリカのウルトラライトハイキングですが、日本においては自然とコミットするためのハイキングスタイルとして、場所や期間を問わずに試行錯誤が始まっています。日本の気候下での理想的なベースウェイトの模索、長期＆長距離での実例の不足など、課題が多いのは事実ですが、日本独自のムーブメントとして根づいてきたのは確かです。

トレイルにて

Trail Ultralight Hiking

▲ トレイルにて
Trail Ultralight Hiking

01

運ぶ、泊まる
Carry & Sleep

　自ら道具を背負い、自然のふところで眠る。20世紀のバックパッキングも、21世紀のウルトラライトハイキングも、核は同じ。「運ぶ」行為がなければ成り立ちませんし、「泊まる」行為によって自然との関係がより深くなります。この「運ぶ」「泊まる」行為にこそ、ハイキングとウォーキングを隔てる重要な要素があるのです。

01 Carry & Sleep

バックパック
Backpack

　ハイキングの道具で最もめだつものといえば、バックパックです。特にウルトラライトハイキングでは、雨蓋や背面パッドを省いたシンプルかつコンパクトなものが好まれます。その独特のスタイルは「荷物を背負っても大丈夫？」という疑問を多くのハイカーに抱かせます。そんなバックパックについて、ウルトラライトハイキングの視点から考えてみましょう。

何キロ背負うのか

　バックパックを軽量化するための最大のポイントは「素材の軽量化＆構造の簡略化」です。背負う荷物を軽くすると同時に、バックパックにもシンプルを追求します。
　そこでまず、ハイキングでは何キロ背負うのかを考えてみましょう。1990年代以前にテント泊をしていたハイカーにとっては、バックパックの総重量が20kgを超えるのは普通のこと。集団での行動なら、団体装備の割り振り等で30kgを背負う男性も珍しくはありませんでした。また装備が増える冬の長期山行では、40kg近い重量を経験することもあったでしょう。こうした重い荷物を背負うなら、荷重は背面だけでなく、腰でも支えるのが効果的です。そこでフレームやサスペンションが進化し、パッドが充実した2.5〜3kg程度の堅牢な大型バックパックが多くのハイカーの支持を得たのです。
　しかし1990年代後半から2000年代にかけて、道具の軽量化が加速度的に進みました。ウルトラライトハイキングを意識しなくても2〜3泊までのテント山行なら、バックパックの総重量を15kg程度に抑えることは難しくはなくなりました。そしてウルトラライトハイキングでは、ベースウェイト5kgに水＆食料4kgで、バックパックの総重量は10kg以下になります。このような軽い荷物なら、1kg以下のシンプルなバックパッ

01 Carry & Sleep

クでも十分に対応できます。つまりバックパックの重量は、背負う総重量の10〜15%を目安にするのです。

　　20〜30kgを背負う場合　　バックパック重量2.5〜3kg　　（トラディショナル）
　　15kg程度を背負う場合　　バックパック重量1.5〜2kg　　（ライトウェイト）
　　10kg程度を背負う場合　　バックパック重量1kg以下　　　（ウルトラライト）

　バックパックと荷物のバランスからいっても、荷重がかかるバックパックの構造からいっても、これが適当だと考えます。もし10kg弱しか背負わないのにバックパックが2.5kgもあれば、バランスが悪いといえます。また、20kgを超える重量を背負うなら、サスペンションやパッドが充実した2.5kgのバックパックを重いとは一概には言えないのです。

　バックパックの軽量モデルには、しばしば「最適荷重」という表示が見られます。これはバックパックが耐えられる限界重量ではなく、バックパックと背負う総重量との適切なバランスを示しています。そして最適荷重より重い荷物を背負ったからといって、使えなかったり壊れたりするわけではありません。

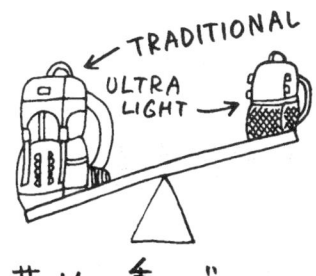

　では、実際にはどの程度の重量を背負うことができるのでしょうか。1週間を超えるハイキングともなれば、食料などの重量が大幅に増えます。以下は2週間程度のロングハイキングにおける実例です。

　　2008年6月　　JMT　　　　　　　13日間　男性　バックパック180gで最大総重量13kg
　　2009年9月　　北アルプス北部　　14日間　女性　バックパック700gで最大総重量17kg
　　2009年12月　北アルプス南部　　12日間　男性　バックパック900gで最大総重量27kg

01 Carry & Sleep

背面上部を意識する

　人が荷重を支えるとき最もバランスがよいのは、直立し真上から荷重がかかっている状態です。アフリカの女性が水を運ぶ際、大きな水瓶を頭上にのせて運ぶ映像を見たことはありませんか。荷物を背負うとき身体をやや前傾させるのは、荷物の重心を身体の重心の真上にもってこようとする自然な動きです。また荷物を担ぐときは身体に密着させるほどバランスがよくなります。荷物を胸の前で抱えるのと、手を伸ばし身体から離して持つのでは、どちらが楽でしょうか。そして荷物を背負うときは、荷物の位置が高いほどバランスはよくなります。泥酔した友人を運ぶとき、彼がずり落ちないように背面上部で担ぐと安定しますね。
　これらは無意識に実践されることですが、バックパックの重心も「身体に近く、身体の上方で」、これがバランスよく背負うための基本です。重心が上がりすぎると急峻な地形ではバランスを崩したり、バックパックが木に引っかかることもあるため、実際には背面上部にバックパックの重心を感じるように背負うことが重要です。

　　キスリングを背負う昔の岳人
　　背負子に高々と積んだ荷物を担ぐボッカ
　　岩稜や岩壁を攀じるアルパインクライマー
　　山々を駆け抜けるトレイルランナー

　どのシーンでも背負う荷物は背面上部にあります。キスリングを背負う岳人や重荷を担ぐボッカにとって、荷物の重心を上げることはバランスよく背負うために重要なことなのです。またクライマーやトレイルランナーにとっては、バランスのよさだけでなく、下半身が拘束されず自由になります。登る、走る、歩くという行為にとって、この自由は大きな魅力です。
　ハイカーも思い切ってトレイルランナーのようにショルダーベルトを引き絞り、バッ

クパックの位置を背面上部にしてみてはどうでしょうか。重心が上がり、背中にバックパックが密着し、バランスがよくなる。そんな感覚が体験できるはずです。このときチェストストラップを引き締めすぎてはいけません。鎖骨に干渉したり、ショルダーベルトの外側が浮いてしまったりします。チェストストラップは万が一ショルダーベルトが肩から外れることを予防し、フィット感を高めるためのものです。

そして荷重を腰で支えるときにも重要なのは、ベルトよりもバックパックの底の位置。ここを腰のくぼみに乗せるように担ぐといいのです。ウエストベルトは、バックパックをその位置からずらさないためのものと割り切ってよいでしょう。

荷物を軽くし、背負うときに背面上部を意識することで、ハイカーはバックパックをバランスよく背負うことが簡単にできるのです。

ウルトラライトバックパック

何キロの荷物をどのように背負うかを考えてみると、ベースウェイト5kgのウルトラライトハイキングでは、バックパックは1kg以下でもこと足ります。自作やガレージメーカーのバックパックなら500gでも実現可能で、実用性も十分です。また、市販のバックパックでも自己責任のもとで不用部分を取り外せば、大幅に軽量化できます。

容量はハイキングの期間や季節によって異なりますが、無雪期を中心に考えるなら、50ℓ以下でも1週間程度までなら間に合うでしょう。アルパインクライミング用でヨーロッパメーカー製の40〜50ℓ前後のバックパックには、フレームやベルトを簡略化したものが多数あります。構造を考えると、大幅に簡略化・軽量化できるのは50ℓまででしょう。

ウルトラライトバックパックは、子どもを背負うように担ぎます。バックパックの重心を背面上部に据えるため、一般的な大型バックパックのようにウエストベルトで支えるのではなく、ショルダーベルトを引き絞ってフィッティングします。背面長調節機構はほとんど使いません。また、荷が軽いので腰荷重である必要はなく、ウエストベルトは簡略化されがちです。過剰なウエストベルトは歩行の邪魔になることもあるからです。そして、荷重を肩から背中全体に分散させるために、幅広で硬めのショルダーパッドが好まれます。

トップリッド（雨蓋）の省略はウルトラライトバックパックの大きな特徴です。クラ

▲ 01 Carry & Sleep

ULTRA LIGHT BACKPACK

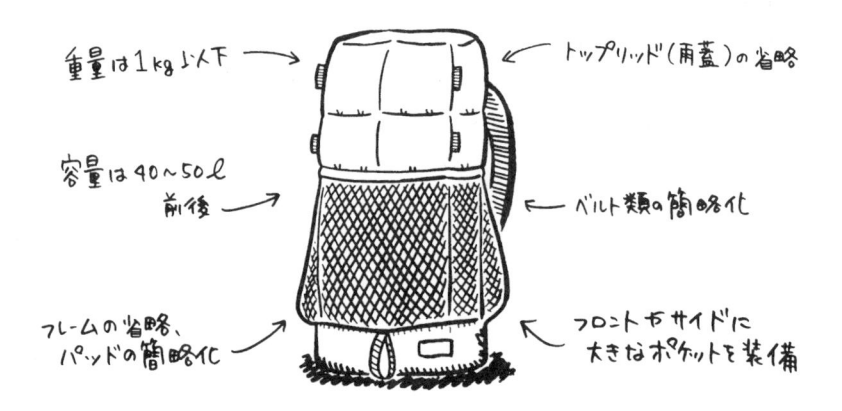

- 重量は1kg以下
- トップリッド（雨蓋）の省略
- 容量は40〜50ℓ前後
- ベルト類の簡略化
- フレームの省略、パッドの簡略化
- フロントやサイドに大きなポケットを装備

イミング等でロープを固定・運搬する際にはトップリッドが重要ですが、ハイキングでは主に細々としたアクセサリーの収納に使われるだけです。それはフロントやサイドの大きなポケットでまかなえます。頻繁に出し入れする道具はウエストバッグやフロントバッグ、サコッシュといったサポート的なバッグに収納するほうが便利です。また、「雨蓋」とはいうものの、雨よけの機能はありません。

　おおげさなアルミフレームや背面パッドは、ほとんどのウルトラライトバックパックでは省略されています。そのおかげで、バックパックの重心は非常に身体に近づき、歩行時のバックパックの振れも軽減されます。こうしたフレームレスのバックパックを使用するハイカーが好むのは、スリーピングマットを筒状にしてバックパックに挿入し、フレームの代わりとする方法です。これによりフレームのないペラペラのバックパックも形をなして自立し、パッキングがしやすくなります。また、外部の衝撃からバックパック内の装備を守ります。挿入するスリーピングマットの厚さ・長さによってはバックパック内が狭くなることもありますが、長さ90〜120cmの半身用サイズなら大きな問題はないでしょう。

　このように、スリーピングマットを挿入したり、しっかりと荷物を詰めたりするために、寸胴に近いシンプルなトップローディングタイプが好まれています。なによりもこのシンプルな構造は修理が容易なだけでなく、そもそも壊れにくく、破損の兆候にも気

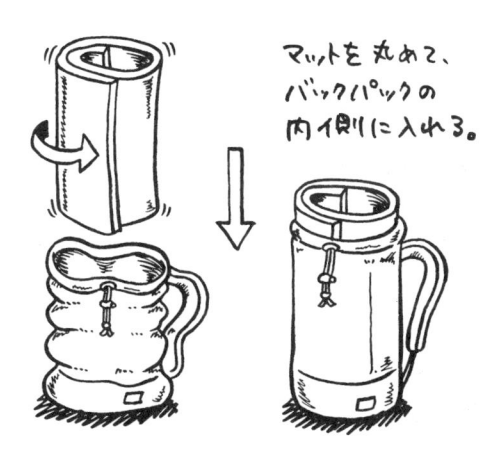

01 Carry & Sleep

マットを丸めて、
バックパックの
内側に入れる。

づきやすいのです。しかし、バックパックにストレスをかけないような気遣いは大事です。どんなバックパックでも荷物を入れた状態で手荒に扱えば、あちこちにストレスが生じます。せっかく荷物を軽くしてハイカーへのストレスを軽減しているのですから、バックパックへのストレスも軽減してやりましょう。岩場でのクライミング、ヤブこぎが必須となる渓流遡行では、丈夫な厚手生地のバックパックが好まれます。しかしハイカーが歩くのはトレイルです。森林限界以下では木々の枝、森林限界を超えると岩肌などに注意が必要なのはもちろんですが、通常のトレイルを歩く限り、薄手の軽量生地でも十分に対応できることがほとんどです。

どんな道具でも、いずれは壊れます。大事なのは、いざというときに自ら修理できること。バックパックを修理することは、バックパックを知ることでもあります。そうすることでバックパックはハイカーの一部になり、愛着も増していくのです。

シンプルなバックパック
なら自分で直せる！

01 Carry & Sleep

シェルター
Shelter

　寝るときに使うシェルター、スリーピングバッグ、マット、これらはオーバーナイトで自然を楽しむためには必要不可欠なものです。暗く寒い夜、一息つける空間を生みだす重要な道具ではありますが、ハイキング中の大半の時間はバックパックの中にあり、夜にならないと出番が訪れません。装備の軽量化には、この３点が重要なカギを握っているといえそうです。このなかで最も重量にバリエーションがあるのはシェルター。現在では様々なシェルターが手に入れられます。これらをウルトラライトハイキングの視点から見てみましょう。

結露とつきあう

ある空間にひとつのしきりがあります
そのしきりの片側の空気は暖かく、もう片側の空気は冷たい

　このような状況では、暖かい空気と冷たい空気の境目であるしきりには必ず結露が発生します。空気はその温度によって含むことのできる水蒸気量に差があります。暖かければ多くの水蒸気を含み、冷たいと少ない水蒸気しか含むことができません。しきりの両側の温度差が大きいと、暖かい空気側に含まれている水蒸気がしきりにふれて冷やされ、水滴になる。これが結露であり、温度差のあるところに結露が生じるのは必然なのです。最新技術の粋である家屋ですら、冬場は窓の内側に結露が生じます。シェルターならなおさら避けられないものとして、どうつきあうかを考えましょう。一般的なフライつき

01 Carry & Sleep

テントもフライの内側は結露しています。

1.温度変化をゆるやかにする

　家屋に二重窓をもうけるように、テント本体の外側にフライを張ったのがフライつきテントです。しきりが1枚だと内外の温度差が大きくなるので、間にもうひとつ空間をつくって緩衝地帯をもうけるのです。しかしフライ内側の結露が示すように、完璧ではありません。通気性の高いフライを何層も張ればかなり軽減できるでしょうが、現実的ではありません。

2.換気をおこなう

　シェルターの生地を透湿性・通気性の高いものにして換気能力を上げれば、結露を防ぐことができます。いちばんよいのはメッシュですが、まさかメッシュでシェルターを作るわけにもいきません。現実的には、ベンチレーション機構を使って十分に換気することが重要になります。出入口が2カ所あるシェルター等は換気に有利ですが、外気が乾燥していることが前提で、湿度の高い外気が入り込めば意味をなしません。

　また、十分に換気できるというのは、風が抜ける構造だということです。タープを想像してみるといいでしょう。換気は十分にできるかもしれませんが、保温は期待できません。保温性を上げるには気密性が必要です。換気と保温との両立は難しいのです。

3.拭き取る

　原始的にして、最も確実な方法。結露を完全に防げないなら、拭き取るしかありません。それには、シェルターがピンと張られていなくてはなりません。そうだとしても、面積の大きなシェルターを拭くのは大変です。きっと途中で断念することでしょう。

　結局のところ、湿度の高い日本では結露を完全に防

01 Carry & Sleep

ぐことはできません。シェルターの構造や使用条件によって程度の差はあれ、必ず発生します。軽量化のために一枚もののシェルターが好まれるウルトラライトハイキングでは「換気する」「拭き取る」といった細やかな対応が必要です。

なお、結露しやすいのは通気が少なく耐水性は高く、かつ温度差が大きな箇所です。つまりシェルターのボトムがそれに相当します。床が濡れている原因のほとんどは、漏水ではなく結露によるものです。防水性を高めるということは、結露の可能性を高めることでもあります。これは防水透湿素材を用いても同じです。

結露はなくならない、うまくつきあっていきましょー。

耐候性を上げる

ハイカーなら誰もが風雨に強いシェルターを求めます。しかし買ったままで風雨に強いシェルターは残念ながら存在しません。ハイカーのひと手間が必要なのです。自立式ドームテントですら、それを怠れば風に飛ばされ、つぶされます。雨が浸入するのです。

GEODESIC DOME

01 Carry & Sleep

耐候性が本当に高いシェルターは、多数のポールを複雑に交差させたジオデシック構造です。球体に近い構造とほとんどたわまない剛性が、高い耐候性を生み出すのです。しかし、持ち運びに適しているとはいえません。そこで携帯に便利な様々なシェルターのなかから頑丈そうなものを選ぼうとしますが、残念ながらどのシェルターにもジオデシック構造ほどの高い耐候性はありません。

どんなシェルターであれ、耐候性を高めるには次のことが必要です。

1. ガイライン

ガイライン（張り綱）をしっかりととりましょう。ジオデシック構造ほどポールが多くなくても、このガイラインがポールの代わりに剛性を上げる手助けになります。ガイラインはシェルターの必須アイテムです。たいてい6〜10カ所からとるため、ガイライン自体の重量と容量は無視できません。現在はφ2mmのダイニーマラインが、重量・強度の点からベストな選択だといえます。

2. 固定

シェルター本体やガイラインを大地にしっかりと固定しましょう。自立式でも中に荷物を入れるだけでは、突風に対しては重りにもなりません。ペグや石を総動員して風上側からしっかりと固定することが大事です。ハイカーは様々な種類のペグを6〜10本程度用意し、適材適所で用いましょう。超軽量＆極細のペグから支持力が高いペグまで、豊富な種類が効果を生むのです。また幕営地によってはペグが使用できず、周囲の石を使って固定することも多いはずです。そんなときのため、1m程度のコードを輪にしたものを複数用意しておくとよいでしょう。石で素早く固定できます。φ1〜2mmのダイニーマラインで作れば、ペグよりも軽くなります。石の使用を前提にするなら、ペグの本数を減らして軽量化できます。

▲ 01 Carry & Sleep

3. テンション

　シェルターはピンと張って設営しましょう。ほとんどのシェルターは固定した後にテンションをかけられます。実はこの行為が雨対策として非常に重要なのです。シェルターの耐水圧はどのモデルでもおよそ1000〜1500mm程度です。最低でも1万mm以上、大半は2万mm以上あるレインウェアの耐水圧と比較すると、その差は歴然です。それでもシェルターが雨に十分に耐えるのは、テンションをかけて設営されるからです。傘の生地には撥水性はありますが耐水圧はほとんどありません。それでも雨を弾き実用に耐えるのは、傘の骨が生地をピンと張っているからです。撥水性や耐水性が実力を発揮するには、テンションをかけるという行為が不可欠なのです。雨が降れば湿気でシェルターの生地はたるみます。そのつど、テンションをかけ直すことを忘れてはいけません。たるんだ生地に水が流れれば、どんなシェルターでも漏水する可能性があります。

4. 設営場所

　幕営指定地での宿泊が前提である日本の山岳地では、選びたくても選べない場合もありますが、シェルターの設営条件はできるだけ満たしましょう。風をなるべく避けられること、シェルターの入口を風下に向けること、風を受ける面積がなるべく少なくなるようにすること、こうした基本を実践することはシェルターの耐候性を上げる基本中の基本です。また雨が降った際に水が流れそうなところ、水が溜まりそうなところを避け、水はけがよさそうな場所を選ぶこともお忘れなく。テントの下を水が流れれば、フロアがあっても浸水は確実です。

　自立式ドームテントからタープまで、どんなシェルターでも以上の条件で設営すれば、悪天候にも負けません。

01 Carry & Sleep

ウルトラライトシェルター

近年では様々なタイプのシェルターが次々と生まれ、その分類は難しくなっています。ここではウルトラライトハイキングに対応できる重量をふまえ、形状から、以下の4つに分類してみました。どのタイプを選択するにせよ、重量は400〜800gの範囲に抑えたいところです。シェルターを構成する要素のなかで「軽さ」を重視するなら、工夫で使い勝手をよくし、また、それを楽しんでみてください。

テント　重量600〜1000g

フロアと一体になったシェルターを「テント」とします。最低限の生活空間が確保できることは重要な要素です。日本では自立式ドームタイプが主流で、多くのハイカーに好まれています。床つきの閉鎖空間をつくれるため、保温性が高く、外部の影響からハイカーを隔離できるという点に最大の特徴があります。悪天時や冬季には、この隔離性が大きな利点です。しかし閉鎖空間であるということは、他のシェルター以上に構造や素材による換気を考えねばならないということです。重量は大きいものの、生活空間としての快適性は確実に高いので、ウルトラライトハイキングではこの重量と快適性のバランスに悩みます。日本の山岳環境を前提に、長期生活での快適性も確保されている点で日本製山岳テントは見逃せないものですが、最軽量クラスでも1300gです。テントのトータルバランスを考えると、この数値は現在の限界値といえるでしょう。近年、選択肢が増えている1000g以下のテントは、トータルバランスよりも軽量化に特化したモデルといえます。このような、ウルトラライトシェルターとよべるテントには、ついに600g台のモデルも出現しました。

フロアレスシェルター　重量300〜600g

床なしで設営し、かつ幕体の四方すべてが地面近くまでおおうモデルを「フロアレスシェルター」とします。日本独自のシェルターであるツェルトは床をつくることもでき

▲ 01 Carry & Sleep

FLOORLESS SHELTER

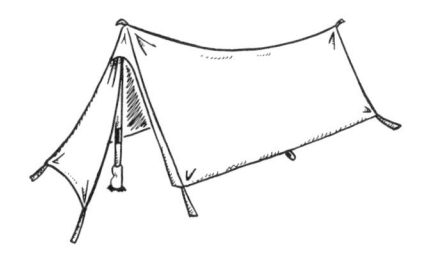

ZELT

ツェルトは床のつくれる、フロアレスシェルターです。

ますが、フロアレスに分類するのがよいでしょう。テントのレインフライを単体で使用した、と考えれば理解しやすいでしょうか。風雨を避けられるのか、という疑問を抱かれがちですが、そもそもテントでもレインフライが雨・風・日差しを避けているのです。

最大の特徴は、床がないので自由度が高いということです。家屋でいえば非常に広い土間があると考えればよいでしょう。

調理ができる
汚れ物が置ける
土足で出入りできる
悪天時の撤収が容易

　床がないとはいえ、眠る場所にシートを敷けば支障はありません。昔のシェルターはすべてフロアレス。それにフロアを追加して使用するのと同じことです。

　テントを選ぶ基準のひとつに、レインフライによる前室が広いことを挙げるハイカーもいます。フロアレスシェルターはその内部すべてが前室といえます。結露の発生、風雨への対策、設営への不安などがあるかもしれませんが、いままで述べてきたように、ちょっとした手間と工夫で十分に対応できます。それさえいとわなければ、「軽量」という圧倒的な利点が得られます。

　日本のツェルトなら300g台、永年、日本のフィールドで愛されてきたウルトラライトシェルターです。日本のハイキングシーンでは緊急用という位置づけですが、沢登りやアルパインクライミングでは通常の野営装備として利用されることもしばしばです。

　しかし携帯性を高めるため、設営後にテンションをかけるための自在がツェルトにはついていません。そのため雨対策に工夫が必要

THE自在

なことをお忘れなく。

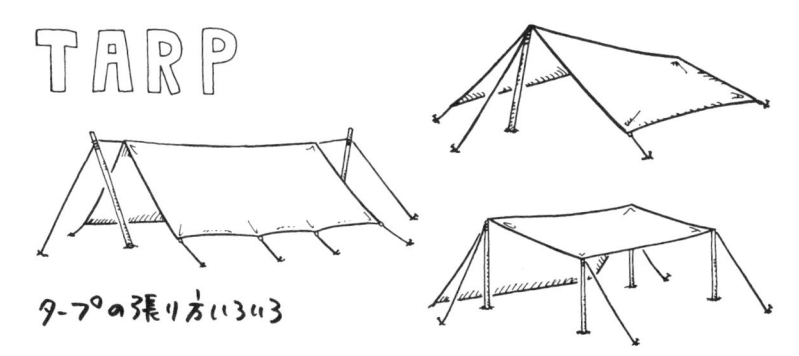

TARP

タープの張り方いろいろ

タープ　重量200〜400g

　屋根一枚のシェルター、それが「タープ」です。部分的に壁をつくることも可能ですが、四方をおおえない点がフロアレスシェルターとの大きな違いです。日本でも沢登りや渓流釣りでは最もポピュラーな幕営道具として愛されています。大地を土間として使用できる点はフロアレスシェルターと同様ですが、その最大の利点は状況と天候に合わせて様々な形に設営できることです。

　旧日本陸軍の携帯天幕、アメリカ陸軍のポンチョなどをみても、タープは風雨をしのぐ必要にして最低限のプロテクションといえます。タープの最小限のサイズは、ポンチョタープの平均的サイズである150×240cm程度です。このサイズがあれば風雨をしのぐことは可能ですが、キャンプで実用的なのはポンチョ2つ分に相当する240×300cmというサイズです。どのような設営方法でも十分な生活空間を確保し、風雨の吹き込みから逃れられます。ただしこのサイズはテントの床面積4〜5人用に相当するため、日本では設営が難しい場面もあるかもしれません。

　タープは他のシェルターに比較して、耐風性の低さが指摘されます。これを解消するため、レイ＝ジャーディンは「ビーク」とよばれる庇をもつタープをデザインしています。このビークつきタープを低く設営すると、風はタープの上を抜け、タープを押さえ込むように働きます。ビークによって暖かい空気が内部に留まり、ビークがない場合に比べてタープ内を暖かく保てます。耐候性・通気性・保温性のバランスに優れたタープですが、自由に設営できないので、タープとフロアレスシェルターの中間形態といえるでしょう。

　アメリカのウルトラライトハイキングでは、タープが積極的に使用されます。これは、

▲ 01 Carry & Sleep

幕営地に対する考え方が日本と異なるからでしょう。日本では環境へのインパクトを限定するために幕営地が定められていますが、アメリカでは水源やトレイルからの距離さえとれば原則どこでも幕営可能です。これは、環境へのインパクトを分散することで特定地のオーバーユースを避けるといABT う発想からきています。それが痕跡を残さずひっそりと野宿する「ステルスキャンピング」というスタイルを生んだのです。結果、タープに適した地形を選んで幕営できるため、乾燥した西海岸はもとより、多湿な東海岸でも用いられているのです。

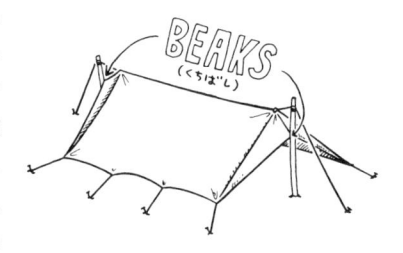

ビビィサック　重量200〜800g

寝袋のみをおおうので、かつ内部では寝ることしかできないタイプのシェルターが「ビビィサック」です。欧米では冬季登山のビバーク用やアタック用軽量シェルターとして使用されています。最大の特徴は設営場所を選ばず、めだたないという点です。ビビィサックには、頭上の空間を確保するためにフレームを採用したモデルや、防水透湿素材を使用したモデルも多いことから、さほど軽くはありません。しかし人ひとりが横になれるスペースさえあれば設営できるフットワークの軽さは、独特の魅力といえそうです。日本のスリーピングバッグカバーもビビィサックのひとつといえるでしょう。ただゴロ寝しているだけともいえるスタイルは、最もステルスキャンプに適したシェルターではないでしょうか。しかし生活空間がないことや、雨天時の出入りを考えると、雨の多い日本では単体で使用するより、小型タープと併用するのが現実的でしょう。またシェルター内のスペースが狭く、換気が難しいため、他のシェルター以上に結露の問題が生じます。日本で使用するには工夫が必要ですが、最も野宿に近い自由度と開放感で、ウルトラライトハイキングの魅力を表現するシェルターといえるでしょう。

日本製山岳テントがゼネラリストだとすると、ウルトラライトシェルターはスペシャ

01 Carry & Sleep

リストといえそうです。本来は、それぞれの特性に適した環境で使用するため、設営場所を自由に選べない日本の山岳地では、使いづらい面もあるでしょう。しかし近年は山域と季節を選び、フロアレスシェルターを積極的に幕営指定地で使用するハイカーが増えてきました。悪天時には避難小屋や山小屋の利用も視野に入れれば、いまの日本で最も実用的なウルトラライトシェルターは、フロアレスシェルターといえそうです。特にツェルトはその軽さと携帯性の高さから、縦走形式で走るトレイルランナーの間ではすでに定着している感があります。圧倒的な軽さと開放感あふれるキャンプは、自然環境へのインパクトが小さいだけでなく、自然をダイレクトに感じるという、ウルトラライトハイキングの醍醐味があります。自然と遮断された快適さではなく、自然を感じられる不便さもハイキングの楽しみ。山域や季節を選びさえすれば、美しい日本の自然を体感できるのがウルトラライトシェルターなのです。

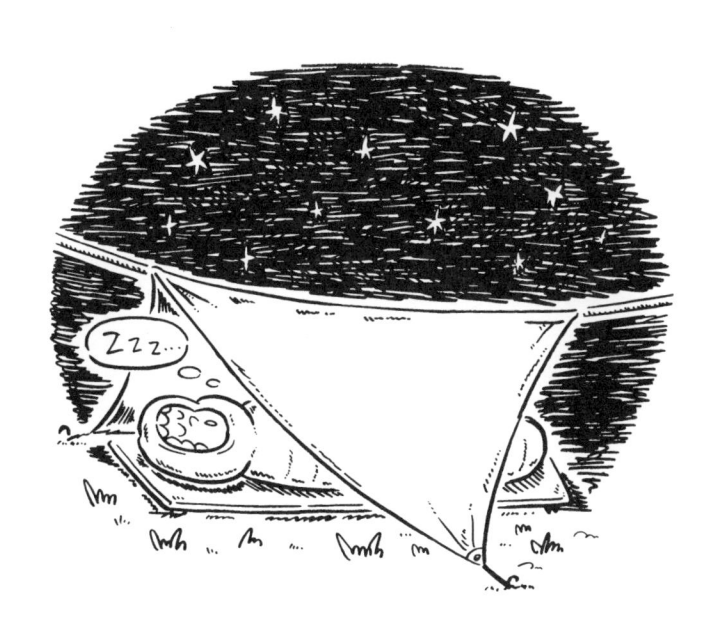

▲ 01 Carry & Sleep

スリーピングバッグ&マット
Sleeping Bag & Mat

　ハイキングの夜、寒さから身を守る保温の要はスリーピングバッグとマットです。しかし暖かい地方のハイカーと寒い地方のハイカーとでは寒さの感じ方は違うでしょう。一年生ハイカーと経験を積んだハイカーでも、同じことがいえます。寒さの感じ方は人それぞれなため、スリーピングバッグとマットの軽量化については一概には述べられません。

スリーピングシステム

　スリーピングバッグ、マットは単体では機能しません。スリーピングバッグは掛け布団として、マットは敷き布団として連携しています。空調がある快適な家の中で眠る場合でさえ、夏と冬で布団の厚みや種類を変えます。自然のなかで眠る場合はなおさらです。

　　夏は薄手のスリーピングバッグを身体にかけるだけでも十分
　　快適な睡眠には、掛け布団よりも敷き布団の厚みや断熱性が重要
　　無雪期には、防寒着も寝具の一部と考える
　　寒さが厳しいときに快眠を得るには、十分な保温力のスリーピングバッグが必要

　このように四季のうつろいがある日本では、季節に応じた柔軟性が必要です。スリーピングシステムは、無雪期にはシェルター以上に防寒&保温のカギを握ります。季節によっては防寒着もスリーピングシステムの一部と考えると、道具の軽量化につながります。ハイキング道具でこうした結びつきが最も高いものは、スリーピングシステムなのです。

　無雪期でも、残雪のゴールデンウィークや紅葉の時期も含めると対応すべき温度帯は幅広く、スリーピングシステムの重量は変化します。むやみな軽量化はおすすめしませんが、ウルトラライトハイキングでは目安として1kg以下に収めることを目標にします。

01 Carry & Sleep ▲

SLEEPING SYSTEM (1000g+α)

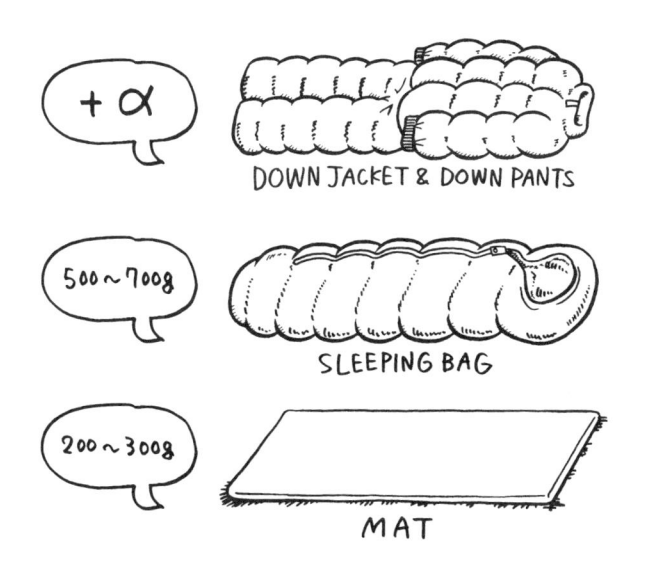

+α
DOWN JACKET & DOWN PANTS

500〜700g
SLEEPING BAG

200〜300g
MAT

それではスリーピングシステム軽量化のヒントを挙げてみましょう。

眠りのレイヤリング

　睡眠はハイキングの疲労回復のために重要です。快適な睡眠をいかに軽い道具で得られるか。このためのヒントが、ウェアでなじみのあるレイヤリングという考え方です。寒い夜、持参した防寒着を着込んで夜を明かした経験はハイカーならあるはず。ダウンや化繊の中綿ジャケットが格段に軽量化された近年では、無雪期でも休憩時の防寒着としてよく利用されています。それなら、最初からそれをスリーピングシステムに組み込んではいかがでしょうか。スリーピングバッグと中綿ジャケットを組み合わせれば、無雪期におけるスリーピングバッグの選択肢は大きく広がります。クライマーがダウンジャケットと組み合わせて使用していた下半身のみのハーフバッグは、同様のコンセプトといえそうです。しかし、この眠りのレイヤリングには気をつけるべき点があります。

▲ 01 Carry & Sleep

以下の例で説明しましょう。

例A	スリーピングバッグ	400g
	ダウンジャケット	300g
	ソフトシェル	400g
	フリースジャケット	300g
	合計	1400g

例B	スリーピングバッグ	1000g
	ダウンジャケット	400g
	合計	1400g

例C	スリーピングバッグ	1400g
	合計	1400g

　この3例では合計重量は同じですが、最も暖かく眠れるのは例Cです。スリーピングバッグの保温力不足を補うために過剰で複雑なレイヤリングをしても、保温力には限界があります。重量と保温力のバランスに注意をはらいましょう。防寒着を重ねて保温力を得るのではなく、持参した防寒着を活用すればスリーピングバッグをワンランク軽量化できるかもしれないと発想することが大事です。例Cで防寒着としてダウンジャケットがあるなら、例Bのようにしてみてはどうだろうか、という発想です。下着一枚で十分に暖かいスリーピングバッグにくるまるのが最も快適なのは、まぎれもない事実です。しかし軽量化をめざすなら、眠りのレイヤリングをシンプルに活用すべきでしょう。

背面を考える　キルト

就寝時、スリーピングバッグ背面側のロフトはつぶれてしまう。
では、スリーピングバッグ背面側を省いてみてはどうだろうか

　こうした発想から生まれたスリーピングバッグが「キルト」です。キルトはウルトラ

01 Carry & Sleep

ライトハイキングにおける象徴的な道具のひとつです。スリーピングバッグは掛け布団、マットは敷き布団と述べましたが、それを極端に推し進めた形といえます。レイ＝ジャーディンが自作・推奨したことでスルーハイカーの間で広がりましたが、彼が発想のヒントを得たのも日常使用している掛け布団からです。

典型的なキルトはスリーピングバッグから背面上部3分の2と、フード、ジッパーなどを取り外したものです。掛け布団にスリーピングバッグのフットボックスを取り付けたものといってもよいでしょう。背面上部のロフトは体重でつぶされるため、マットのほうが重要です。フードは、帽子やフードつき中綿ジャケットで代用できます。ハイキングに持っていく他の道具で代用できる部分は省略し、スリーピングバッグのエッセンスだけを残したものがキルトです。この省略による軽量化がハイカーに大きく貢献することから、ウルトラライトハイキングでは強い関心を集めているのです。実際に夏場のハイキングでは、スリーピングバッグを身体にかけるだけ、というハイカーも多いことでしょう。

しかし、スリーピングバッグの背面がまったくの無駄だという結論は早計です。人間の背中は平らな板ではなく、凹凸があります。腰にはくびれがあり、身体と腕との間には隙間もあります。そうした箇所の保温には、スリーピングバッグの背面が重要なことを忘れてはいけません。また、マットがいかに重要とはいえ、その幅や厚み、クッション性には限界があります。寝返りをうったりマットから外れたりすることもあるでしょう。キルト派のハイカーも寒さを感じる時期になれば、スリーピングバッグの背面を欲するはずです。スリーピングバッグ背面が省略できるかどうかは、季節やハイカー自身の耐寒力・寝相など様々な要素によります。

無雪期や夏を中心とした季節なら背面やフードを省略したキルトは実用面でも軽量化の

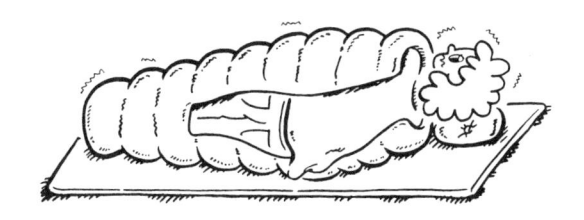

Quilt　掛け布団の発想から生まれたキルト。寝相が悪いと背中が寒いのよ。

01 Carry & Sleep

点でも有効といえそうです。特にダウンと比較して重量が大きい化繊スリーピングバッグは、キルトにすることで大きな軽量化が図れます。また夏用の薄いダウンスリーピングバッグは湿気でダウンのロフトが減少すると隙間ができ、コールドスポットが生まれます。雨が多く湿度が高い日本では、化繊スリーピングバッグの評価がもう少し高くてもいいと思いますが、その軽量化のカギを握るのがキルトなのかもしれません。

背面を考える　マット

SLEEPING MAT

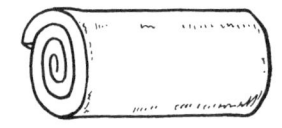

フォームマット　　自立膨張式マット

就寝時、スリーピングバッグ背面側のロフトはつぶれてしまう。
では、保温力で重要なのはマットではないだろうか

寒さで眠れない夜、ハイカーの身体から最も熱を奪っているのは地面と接する部分です。たとえば岩石の熱伝導率は空気の100倍。仮に岩の上でそのまま寝たら、またたくまに体温が岩に奪われます。いくら暖かいスリーピングバッグで身体を包んでも、マットによる断熱性がなくては快適な睡眠は望めません。

スリーピングバッグに比べ優先順位を低く考えがちなマットですが、素材・長さ・厚みには様々なバリエーションがあり、スリーピングバッグ同様、季節に応じて使い分けが必要です。スリーピングバッグよりも軽いものが多いマット、このマットで効果的な温度対策をとるという発想は、軽量化の視点からも有効です。

マットの選択によっては、スリーピングバッグの保温力を無駄にすることもあるのです。

マットを選択する際にポイントとなるのは、主要素材であるウレタンフォームの特性

01 Carry & Sleep

です。大きく分けて、ロールマットなどに代表される「フォームマット」と、バルブにより空気を注入＆排出する「自立膨張式マット」の2タイプがあります。フォームマットではウレタンフォーム中の気泡がそれぞれ独立しているため、断熱性が高いこと、またフォームそのものをマットとするためパンクなどのトラブルと無縁だということが大きな特徴です。しかしその半面、気泡内の空気を排出できないのでコンパクトに収納できません。軽くても、かさばることが敬遠される最大の理由です。一方、自立膨張式マットではウレタンフォーム中の気泡が連動しており、空気が排出できるため小さくなります。適度なクッション性と収納性は大きな魅力であり、現在のハイキングシーンではこのタイプが主流となっています。しかし、バルブの故障やパンクといったトラブルの可能性が無視できないこと、軽量化のために大幅に肉抜きすると断熱効果が低くなること、これらがデメリットといえます。

　ウルトラライトハイキングでは、フレームやパッドを省略したバックパックが好まれます。そこでハイカーはフォームマットを筒状にしてバックパックに挿入し、フレームやパッドと兼用します。フォームマットは自由にカットできるので、ハイカーは自分の身長に合わせたり、バックパックに合う長さにしたり、分割したりして、さらなる軽量化やカスタマイズをします。また故障の心配がないことは、長期間使用するスルーハイカーにとって大きな魅力になるでしょう。バックパックとの相性もありますが、ウルトラライトハイキングではこうした耐久性や応用力の高さからフォームマットが好まれることが多いようです。

▲ 01 Carry & Sleep

　無雪期のハイキングで使うマットの長さは90〜120cmを基本に考えましょう。この長さでも体幹部は十分にカバーできるはずです。必要最低限の長さ、これが軽量化に最も有効です。フォームマットを筒状にしてバックパックに挿入する場合でも、この100cm前後の長さが最適です。着替えを詰めたスタッフバッグや他の道具を入れたバックパックは枕代わりにしましょう。6月上旬から10月上旬の標高2000m前後なら、平均気温で10℃程度、最低気温で3〜5℃程度でしょうから、温度面でも十分に対応できるでしょう。

　しかしこの時期を外れると最低気温は0℃以下になります。マットから外れた足先を冷やさないためにも、足先と地面との断熱を考えねばなりません。パッドが省略されたウルトラライトバックパックでは断熱効果が期待できないので、マットの代わりにはなりません。足先までカバーする十分な長さのマットも有効ですが、その代わりに30×50cm程度のエクストラマットを用意して足先に使用してもよいでしょう。こうしたエクストラマットは冷えが気になる腰周辺へ追加しても効果的です。フォームマットを使用するハイカーは、レギュラーサイズのマットを110cm・35cm・35cmの長さで3分割すれば、2枚のエクストラマットが手に入ります。

　スリーピングバッグにせよ、マットにせよ、今あるものをシンプルに組み合わせ、活用する。それがウルトラライトなスリーピングシステムなのです。

01 Carry & Sleep ▲

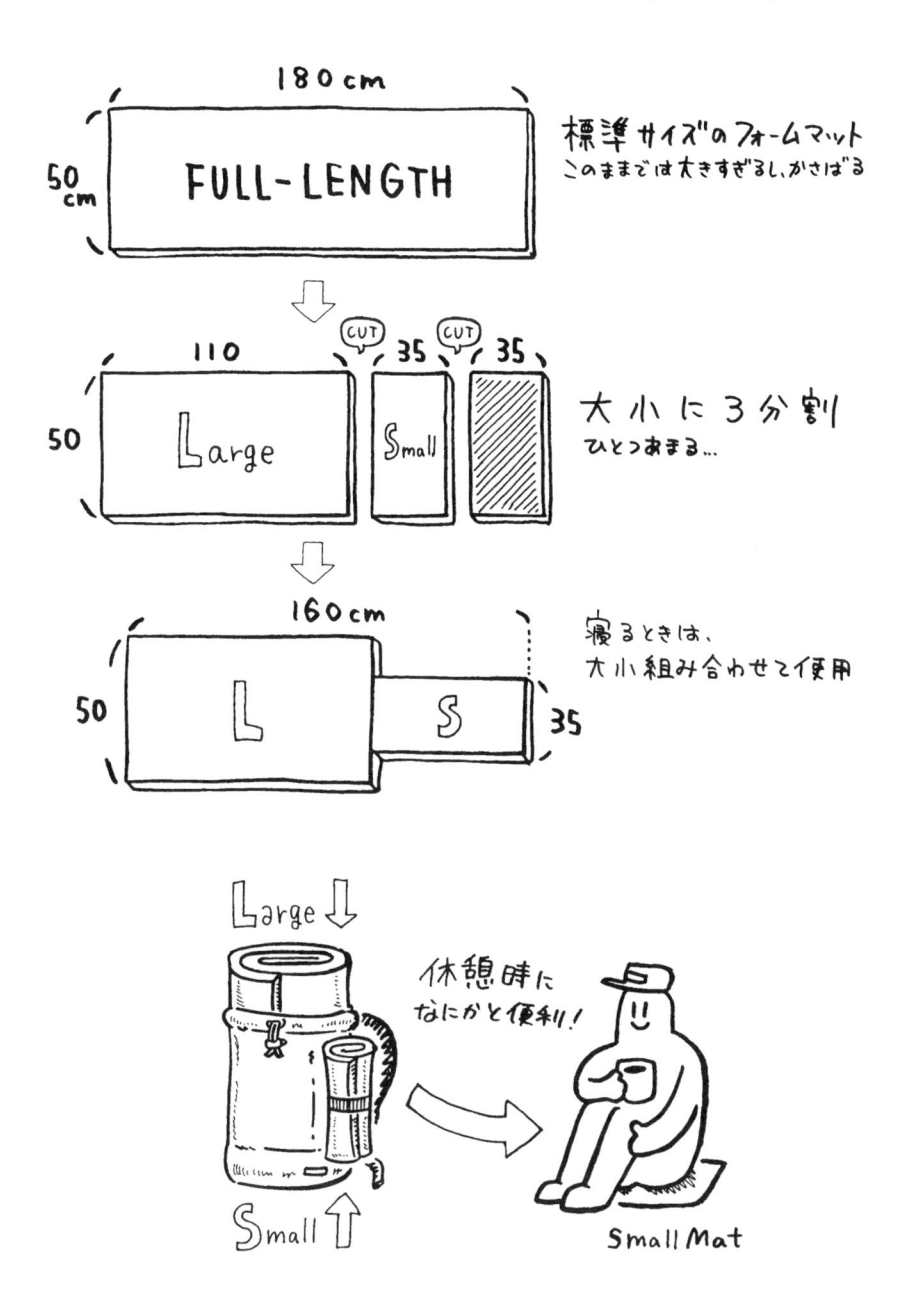

180cm × **50cm**
FULL-LENGTH

標準サイズのフォームマット
このままでは大きすぎるし、かさばる

⇩

110 × **50** Large | CUT | **35** Small | CUT | **35**

大小に3分割
ひとつあまる…

⇩

160cm × **50** L | S **35**

寝るときは、
大小組み合わせて使用

Large⇩
Small⇧

休憩時に
なにかと便利！

Small Mat

▲ トレイルにて
Trail Ultralight Hiking

02

歩く、着る
Walk & Wear

長距離＆長時間を歩くスルーハイカーのための技法として、1990年代以降に試行錯誤されてきたウルトラライトハイキングは、より純粋に「歩く」ことを考えてきたハイキングスタイルです。「歩く」「着る」ということは、誰にとっても日常あたりまえの行為ですが、ハイカーにとってはハイキングの成否を分ける、工夫しがいのある奥深い世界なのです。

02 Walk & Wear

シューズ
Shoes

　ハイキングの基本は歩くこと。近郊の里山を散歩することも、あの山の向こうまで旅をするように歩くことも、距離こそ違え、歩くには違いありません。背中の荷物を思い切って軽くするウルトラライトハイキングでは、より軽快に、より自由に、そしてより遠くまで歩くことができます。背中のバックパックが軽い、この前提がウルトラライトハイキングの歩きにも大きく影響します。日本のハイキングでは、登山靴に代表されるハイカットブーツを選ぶのが一般的です。しかしウルトラライトハイキングでは、トレイルランニングシューズなどのローカットシューズが好まれます。ハイカットブーツとローカットシューズ、どちらを選ぶかはハイカーの自由ですが、それぞれの特徴や背景を知ることでより自分に合ったシューズが選べるはずです。

積雪期とハイカットブーツ

　ハイカットブーツの特徴は厚くて硬いソールと、しっかりと足首までおおう、防水処理が施されたアッパーにあります。足首と足底が固定されるハイカットブーツは、通常とは異なる環境を歩くために作られた靴です。これはハイカットブーツの典型である登山靴が生まれた背景を考えると、理解しやすいでしょう。

　登山靴はヨーロッパアルプスで誕生、進化してきました。岩稜と氷河をいだくヨーロッパアルプスでは、山頂に立つためには一年を通じて岩を攀じ登り、氷河を渡らねばなりません。硬く曲がりにくいソールなら、岩稜の細かいスタンスにもしっかり足が乗せられます。また、足首が固定されているため、つま先立ちをしてもふくらはぎは疲れにくいのです。氷河を渡る際に必要なクランポンもしっかりと固定でき、雪壁を蹴り込んで足場をつくるのにも役立ちます。ロープ等の登攀道具で重くなったバックパックを背負い、石がゴロゴロした不安定な足場を歩く際は足底や足首が安定します。

　このように登山靴は元来、重い荷物を背負い、岩稜と氷雪を登る際に効果を発揮する靴です。足首と足底がしっかりと固定されているのはそのためです。

　ハイカットブーツはこんなときに選んでみてはいかがでしょうか。

02 Walk & Wear

クランポンが必要なとき
キックステップを多用するとき
15kgを超える重い荷物を背負うとき
どうしても足元に不安を感じるとき

このような状況でこそ、ハイカットブーツの特性が生きます。
　なお、多くのハイカーが捻挫の予防にハイカットブーツを選んでいるようですが、捻挫を防ぎたいならテーピングでしっかりと足首を固定するべきです。あなたの周りには、ハイカットブーツを履いているのに捻挫してしまったハイカーはいませんか。

無雪期とローカットシューズ

　ローカットシューズの特徴は、拇指球付近で適度に曲がる柔らかさのソールと、通気性の高いアッパー、そして自由に動く足首です。もちろん靴そのものも軽く、その自由度と軽快さはハイカットブーツとは比べるべくもありません。ランニングシューズやトレイルランニングシューズはもちろん、他のスポーツ用シューズの大半がローカットシューズであることもうなずけます。
　山には適さないと考えられがちなローカットシューズですが、はたしてそうでしょうか。

02 Walk & Wear

日本では古くから足袋にワラジというスタイルが山歩きの一般的な足元だったはずです。渓流師のスタイルには渓流足袋が欠かせません。林業などの山仕事をする人や山小屋のスタッフには、地下足袋を愛用する人が少なくありません。無雪期の日本の山では、足首が自由に動く履き物が好まれてきた歴史があるのです。ローカットシューズを、西洋風地下足袋ととらえてみてはいかがでしょうか。近年では、山用に設計されたトレイルランニングシューズが数多く市販されています。ローカットシューズを選ぶと、次のようなメリットがあります。

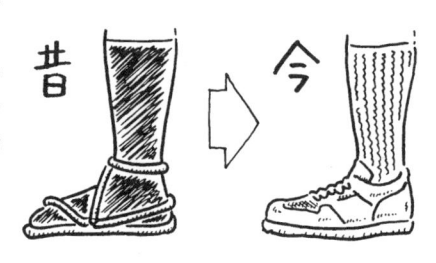

1. 軽さ

一歩一歩が軽いことこそ、ローカットシューズ最大のメリットです。足に重りをつけて歩くこと、特に階段を上ることを考えてみましょう。軽さによるメリットが理解できるはずです。ハイカットブーツは軽いものでも片足で700g程度ですが、ローカットシューズなら350g以下のものがほとんどです。なかには250g以下という超軽量モデルもあります。たかが数百グラムですが、機能面でも精神的にも、軽さがもたらす軽快さは計り知れないものがあります。振り子のように足を動かすには重い靴がよいという説もありますが、歩行は慣性の運動ではありません。あくまで自発的な運動です。

2. 柔らかさ

近年のハイカットブーツにはかなり柔らかいモデルもありますが、それでもくるぶしやすねへの当たりが気になるハイカーは多いようです。柔らかいハイカットブーツでも靴擦れをつくってしまった覚えはないでしょうか。ローカットシューズはくるぶしやすねが擦れないだけでなく、柔らかいメッシュアッパーにより足入れ感が柔らかく、靴擦れの可能性を大きく減らします。

3. 通気性

足裏は多くの汗をかき、靴には熱や湿気がこもります。これがマメの原因のひとつです。ローカットシューズは通気性に優れたメッシュアッパー製が多く、さらに足首は締

02 Walk & Wear

めつけられていないため、そこから熱や湿気を逃します。シューズ内をなるべくドライに保って冷やすことは、長時間・長距離の歩行では靴擦れやマメといった足のトラブルを避けるには重要です。通気性が高いということは、濡れても乾きやすいということです。無雪期のハイキングなら、防水性よりも通気性を重視するという選び方もあります。

4. 足裏感覚

　適度なクッション性と屈曲性があるローカットシューズのソールはハイカットブーツに比べ、圧倒的に足裏感覚がいいものです。どういった場所に足を置いているかを感じ、時には大胆に、時には慎重に足を運ぶ。足裏に大地を感じながら歩くことは、自然とのつながりを重視するウルトラライトハイキングの考え方とも一致します。地面からの突き上げ感もたしかにありますが、ソールの厚さなどを考慮し、自分にとってバランスのよいシューズを見つけましょう。

▲ **02 Walk & Wear**

5. 歩きやすさ

　ソールが柔らかく、足首が自由に動かせるシューズを履くと、ハイキングでも普段どおりに歩けます。いつもと同じ自然な速度、自然な動きによる歩行はストレスがなく、疲労しにくいのです。また不整地でも足裏全体をしっかりと使って歩くことができます。山仕事で地下足袋が好まれるのは、同様の理由からです。

6. インパクトの軽減

　登山靴に比べソールが柔らかいローカットシューズは、トレイルへのインパクト軽減にも役立ちます。軽い荷物と柔らかい足元はステルスフットスタンプへの第一歩。

　軽い荷物を背負ってトレイルを歩くだけなら、ローカットシューズで十分です。無雪期のウルトラライトハイキングこそ、ローカットシューズが活きるスタイルなのです。

　しかし、デメリットも知っておくべきでしょう。ローカットシューズは軽くなればなるほど素足に近づきます。歩行が自然に近づく半面、シューズには頼れなくなります。ハイカットブーツに比べれば耐久性も劣ります。山用に設計されたトレイルランニングシューズでも、走行距離500km前後を境にソールやアッパーにトラブルが生じ、機能が落ちていきます。足の保護能力も低いので、足元に注意することを習慣づけねばなりません。以上のことから、ザレ場や岩稜ではやや不向きといえるでしょう。それでもローカットシューズのメリットはこうしたデメリットを補って余りあるのです。だからこそ、アメリカのスルーハイカーたちは砂漠から残雪の山々まで、ローカットシューズで踏破していきます。

ピッチとフォーム

　無雪期のハイキングでは自由で軽快な歩行を約束してくれるローカットシューズですが、それを活かす歩き方も意識しましょう。

　まず大事なのは、ストライドではなくピッチを意識すること。大きなストライドで歩くには強い筋力が必要です。ストライドをのばすための強い蹴り出しは、ふくらはぎへの負担を大きくします。ハイキングは短距離走ではありません。長時間故障なく歩くには省エネが大事です。そのためにはピッチを意識しましょう。速すぎても遅すぎても疲れてしまいます。普段歩く際のピッチは1分間に100前後で、最も無理がありません。

02 Walk & Wear

このピッチを維持するために小さな歩幅でリズミカルに歩きましょう。

　日本の山の急な登りは、スイッチバックよりも階段状の直登トレイルであることが多いようです。段差もまちまちな急な登りでこそ、この歩き方が威力を発揮します。また心拍にも意識をはらうといいでしょう。心拍数を上げすぎないことは非常に大切です。ハイキングで心拍計をつけるほどのことはありませんが、普段のランニングや自転車でのトレーニング時に、心拍数を把握しておきましょう。自分の余力がわかります。体力の無駄な消耗を避け、目的地までゆとりをもって行動できます。難しく考える必要はありません。心拍が上がりすぎず疲れにくい歩行のピッチは、意識的に何度か歩けば、誰でも体感できるはずです。

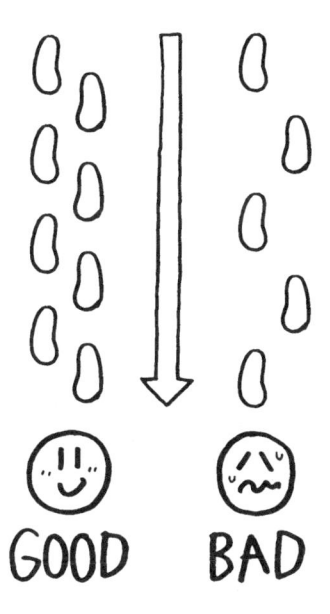

　つま先の向きにも注意しましょう。つま先は進行方向にまっすぐ置きます。つま先と膝の向きを揃えると力が逃げにくく、膝への負担も軽減できます。そして登りでも下りでも足裏でしっかりと地面を踏めるはずです。

　かかと、足裏の外側、拇指球、つま先、と重心を移動させて蹴り出すあおり歩行は、街中では誰もが普通にしています。最後の蹴り出しで、ふくらはぎの筋力がやや必要ですが、膝下の振りと足首の動きによるこの歩き方は、ローカットシューズを好むハイカーが無理なく実践しています。まずはいつもと同じように無理なく歩いて快適なハイキングを楽しみましょう。そして長距離・長時間のハイキングを志向するハイカーは、股関節から足を動かすようにイメージしてみましょう。ふくらはぎなど身体の一部分ではなく、股関節など身体の中心に意識を集中すると、大腿部や臀部などの大きな筋肉を使えるようになります。膝よりも大腿部からの振りと、ピッチを意識した歩き方は、足裏全体で着地するマラソンのフラット走法にも通じます。ふくらはぎが疲れたら大腿部を意

▲ **02 Walk & Wear**

識する。使う筋肉を意識し、状況によって歩き方を変えると、ローカットシューズによる歩行がさらに軽快になるはずです。

02 Walk & Wear

レインギア
Rain gear

　ハイキングのレインギアといえば、耐水圧・透湿性・耐候性・動作性などの機能が高く、バランスにも優れている防水透湿素材のレインジャケット＆パンツが思い浮かびます。風雨への対策を怠れば夏でも疲労凍死の危険があるので、ハイキングの装備では最も重視しなければなりません。とはいっても、レインジャケット＆パンツがなければハイキングに行けない、というわけではありません。登山やハイキングの歴史では、着ゴザや油紙、雨合羽、ポンチョに頼っていた時代もあったことを忘れてはいけません。大事なのはレインギアを信じ込むのではなく、使いながら不足を知り、考えることです。レインジャケット＆パンツを着用していても疲労凍死した例はいくらでもあるのです。

3の法則

　サバイバルの世界には生存のために重要な「3の法則」というものがあります。生き延びるための優先順位をわかりやすく説明したこのルールは、ハイキングにも重要なヒントを与えてくれます。

▲ **02 Walk & Wear**

3分間、呼吸が絶たれれば、生存が困難になる（呼吸）
3時間、極度な低温・高温にさらされれば、生存が困難になる（体温）
3日間、水が補給できなければ、生存が困難になる（水）
3週間、食料が補給できなければ、生存が困難になる（食料）

　ここで体温保持の項目にハッとするハイカーも多いのではないでしょうか。水や食料の重要性は誰もが理解できるでしょうが、体温保持については意識にないことが多いかもしれません。サバイバルというと水や食料の確保を思い浮かべがちですが、最も重要なのは風雨や直射日光を避け、身体を休められるシェルターをつくること。サバイバル教室でシェルターのつくり方を最初に習うのはそのためです。こうした考え方は軍隊におけるポンチョタープの個人携帯に反映されています。

　ハイキングでの体温保持でハイカーが気になるのは、低体温症でしょう。湿度が高い季節には実際の気温よりも寒さを感じます。雨が降ったり風に吹かれたりすると、なおさらです。雨を避けて身体を極力濡らさない、このための道具がレインギアなのです。

　そして忘れてならないのは、完全に風雨をシャットアウトするレインギアは存在しないということ。防水透湿素材のレインジャケットを着ていても、激しい風雨のなかではフードや袖口から浸水することは珍しくはありません。風雨にさらされて動きを止めれば、体温は急激に下がり始めます。ゆっくりとでも動き続けて、体温を下げないことが肝要です。そしてできるだけ早く風雨を避けられるシェルターや山小屋に避難し、濡れた身体を拭かねばなりません。レインギアを過信してはいけません。レインギアに絶対はありません。

透湿と換気

　運動強度がさほど高くはないハイキングでも相当量の汗をかきます。レインギアの性能をみるとき、ムレるかどうかは大事な要素ですが、厳密にはまったくムレないものは存在しません。特にしっかりと歩くハイカーなら、程度の差はあってもムレは付き物だと考えるべきでしょう。このムレを解消するため、レインギアには湿気を通過させる「透湿」機能があるのです。

　では、透湿について考えてみましょう。

　透湿機能をもった膜が、ここにあります。透湿がおきるのは、膜に隔てられた空間に水蒸気圧差が生じたときです。つまり膜が分かつ片側はムレた状態、もう片側が乾燥した状態のときに、ムレた側から乾燥した側へ湿気が移動していくのです。水蒸気圧差がなければ透湿現象はおこりません。衣類の内側が発汗でムレて初めて、外側へ湿気が透過するのです。これが、厳密な意味でムレないレインギアは存在しない、という意味です。ハイキング中の発汗には個人差があります。雨の量や強さも状況によります。雨以外にも湿度の多い少ないが関係します。天候の振れ幅が大きい日本では、様々な状況が透湿性を左右します。レインギアのムレ感がハイカーごとに異なるのは、あたりまえなのです。

　また、レインギアでは表生地・防水透湿膜・裏生地という三層構造が主流です。これは、膜を保護するためでもありますが、裏生地に汗を吸わせてムレを軽減する目的もあります。汗を吸うので当然、レインギアは重くなっていきます。表生地・防水透湿膜という二層構造には汗を吸わせる層がないので、レインギアの内側では相応の結露が生じます。しかし汗による肌への濡れ戻りさえ軽減できれば、ムレているということは保温されているということでもあります。海外の洞窟救助マニュアルには結露が肌面に戻らないような衣類を着用したうえで、軽くムレた状態をつくりだし、救助されるまで体温保持する技術が紹介されています。大事なのは、ただひたすらにムレないことを求めるのではなく、ムレと上手につきあうことかもしれません。最近では肌面への濡れ戻

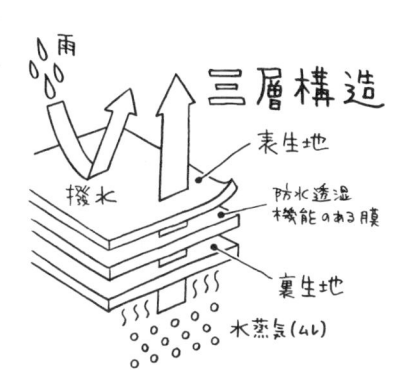

02 Walk & Wear

りを軽減するアンダーウェアも市販されています。こうした衣類をうまく利用して、レインギアの性能を最大限に発揮させましょう。

　レインギアの透湿機能だけではムレが解消しない場合にとる対策が、換気です。ベンチレーション機構のついているレインギアなら、これを積極的に利用しましょう。換気のためには、レインギアの一部を大きく開放したり、風雨が避けられる木陰や岩陰などでの休憩時にジッパーを開閉したりが有効です。しかし風雨を避けられない稜線上では換気によって浸水する可能性も高く、防水と換気の両立はまだまだ難しい課題といえそうです。いまのところ有効な方法は、ややゆとりのあるサイズを着用することでしょう。衣類の中で空気がある程度動くと換気の助けになります。また、風の影響が少ない森林限界以下での行動が多いなら、ポンチョなど換気能力が高いレインギアを選択してもいいでしょう。

（図：ちょっと大きめが、換気にはベスト!!／ただ、大きすぎても、動きづらいので注意！）

レインジャケット＆パンツ

　ハイキングのレインギアとして最もスタンダードなものはレインジャケット＆パンツで、ゴアテックスをはじめとする防水透湿素材が主に使用されます。こうした素材の登

場と進化でレインギアの性能は大きく向上し、降雨による濡れと発汗によるムレを最小限に抑えるようになりました。さらに保温力が高いので、荒天時のプロテクションとしては、数あるレインギアのなかでも頭抜けた安心感があります。ムレ感は素材にもよりますが、日本ではそれ以外に影響する要因も多いので、この耐候性の高さがレインジャケット＆パンツの最大の利点だといえるでしょう。冬季用ジャケットが一般的でなかった時代には、冬季縦走にもこうした防水透湿素材のレインジャケットが使用されていたことからも、耐候性の高さがうかがえます。森林限界を超えた稜線上を数日にわたって歩くハイキングや、残雪のある５〜６月上旬、降雪も予想される10月下旬以降などは、レインジャケット＆パンツという選択が適しているといえそうです。

では、重量の視点から見るとどうでしょうか。

重量400g前後　冬季用ジャケットのウルトラライトモデル
重量300g前後　スタンダードモデル
重量250g前後　ライトウェイトモデル
重量200g以下　ウルトラライトモデル

レインジャケットの重量は300gが目安といえます。三層構造の防水透湿レインジャケットの多くはこのクラスです。やや重量が増すモデルはベンチレーション機構の付属や表面素材の強度を上げるなど、冬季使用を視野に入れた作りとなっています。250g前後のモデルになると、縫い目を少なくする、装飾をいっさい省く、表面素材を軽量化する、などの工夫が見られます。さらに軽いクラスでは、とにかく軽さ最優先。使い勝手のための細かい工夫すら簡略化、省略される傾向にあり、二層構造が主流です。一時期見られなくなったアノラックタイプもジッパー重量が軽減できることから、ウルトラライトモデルとして再び注目を集めています。またホームセンターなどで販売される作業用・農業用の簡易レインジャケットのなかには、耐久性は劣るものの極端な軽さと高い透湿性を誇るものが流通しています。アメリカのスルーハイカーの間ではこうした簡易レインジャケットも好まれる傾向にあります。

風雨対策としての平均点が非常に高いレインジャケット＆パ

▲ 02 Walk & Wear

ンツ。選択のポイントは耐候性の高さをどこまで求めるか、冬季使用を考えるか、の2点です。

レインポンチョ＆レインケープ

　デイハイキングや森林限界以下での行動が多いハイキングでは、レインジャケット＆パンツをオーバースペックに感じるハイカーもいます。風雨をある程度避けられる状況では、レインポンチョやレインケープでもレインギアとして十分に機能します。北米のウルトラライトハイキング専門のレインギアのように捉えられがちですが、四半世紀ほど前までは日本の縦走登山でもレインポンチョ＆ケープは使用されていたのです。

重量250g　軽量レインポンチョの平均的な重量
重量150g　軽量レインケープの平均的な重量

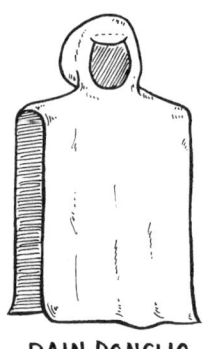

RAIN PONCHO　　RAIN CAPE

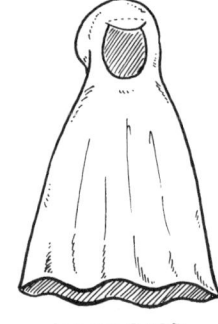

◎ 換気
◎ 軽さ
✗ 風に弱い

　重量面をみるとレインケープは圧倒的に軽く、レインポンチョでもそれに次ぐ軽さです。機能とのバランスで考えれば、やはりウルトラライトなレインギアと呼ぶにふさわしいでしょう。
　レインポンチョやレインケープはレインギアとしてだけでなく、バックパックカバー、タープ、グラウンドシート、ビビィサック代わりにもなります。その多機能性に目を奪

われがちですが、雨天の際にレインギアとして使用しながらタープとしても設営する、というのは現実的ではありません。機能の多様さは大きなメリットになりますが、このレインギアで注目すべきは換気能力の高さです。着用時は裾が開いて換気し続けるので、素材の透湿能力に頼る必要がありません。簡便な着用方法とこの換気能力により、森林限界以下の山では有効であると日本でも古くから知られています。しかし強風には弱いため、風雨が下からも吹きつける稜線上では使用に注意が必要です。

またタープサイズのレインポンチョをレインギアとして使用する場合は、足元の視界確保に注意と工夫が必要です。平地では気にならない裾の長さも、急な登り下りが多い日本のトレイルでは邪魔になることが多いからです。日本でレインギアとして使用するなら、レインケープのほうが適しているといえそうです。

6月下旬から9月下旬までの無雪期、森林限界以下での行動が多い山域ならば、レインポンチョ&レインケープは軽量化を助けるとともに、自然をダイレクトに感じられる魅力的なレインギアなのです。

レインチャップス&レインスカート

アメリカのPCTスルーハイカーの多くはレインパンツを使用しません。もちろん雨が降らないからではありません。残雪のシェラネバダ山脈でも、雨の多いカスケード山脈でも、彼らはハイキングの大半をショートパンツで過ごします。衣類が濡れると乾かすのが大変ですが、肌の濡れは拭けばいいというのがその理由です。下半身は筋量が多いため、歩き続けていれば発熱し、体温が下がることもありません。一日の終わりにシェルターの中で濡れた脚を拭き、ショートパンツを脱ぎ、スリーピングバッグに入ればいいのです。起きている時間の大半を歩いて過ごす彼らのハイキングスタイルでは、下半身の濡れは大きな問題ではないのでしょう。これはトレイルランナーの考え方とも一致するようです。日本でもトランスジャパンアルプスレース(TJAR)等の出場者には、こうした考え方・技術を採用している方が多いようです。この方法をとるハイカーには常に「歩き続ける」ことが要求されます。

おおよそ300g前後のレインパンツは重い、かといって下半身の雨対策なしは考えにくい。そんなウルトラライト志向のハイカーには、レインチャップスやレインスカートが好まれます。

▲ 02 Walk & Wear

AMERICAN STYLE

NOTHING! RAIN CHAPS RAIN SKIRT

下半身は濡れるにまかせるというスタイルもある…。

　レインチャップスとは、脚と腰の側面のみをおおう筒状のレインギア。最大の特徴は軽さとコンパクト性にありますが、その形状から換気性能が高いこともうかがえます。垂直方向に筒状なので、煙突と同じ原理で脚部の汗や熱は上部から抜けるのです。換気能力を活かすため、また着脱を容易にするため、ある程度ゆとりある太さが必要です。さらに股の部分はおおわれていないため、上半身のレインギアの丈は長めでないといけません。

　レインスカートとは、膝下程度の丈のスカート。こちらも軽さとコンパクト性に優れ、かつ、着脱が非常に容易です。見た目以上に動きやすく、レインポンチョやレインケープ同様、換気性が高いのです。腰から膝下までを確実におおうため、上半身のレインギアの丈は選びません。足元は濡れてしまいますが、無雪期のハイキングで足元の防水にはこだわらないハイカーにとっては、十分なレインギアといえるでしょう。

　レインチャップス、レインスカート共に完全なレインギアとはいえないかもしれませんが、自分にとって機能が十分なら、採用を検討してみましょう。軽量化に大きく貢献してくれるはずです。簡単に縫えそうなので、自作に挑戦してみるのもいいかもしれません。

02 Walk & Wear

傘

　皆さんは街でどんなレインギアを使っていますか。多くの人は傘だと答えるはずです。多少風が強くても、傘をさして雨のなかを歩くのではないでしょうか。ハイキングでも傘は有効です。他のどのレインギアよりも換気性能に優れているのは一目瞭然。ムレないレインギアと呼べる唯一の道具です。

　　家から駅まで、駅から家まで
　　アプローチや下山時の林道歩き
　　幕営地でトイレに行くとき
　　タープやフロアレスシェルター入口での雨よけ

　風が弱く、傘のさせるようなトレイルではもちろんのこと、上記のような状況では想像以上にハイカーを助けてくれるはずです。ちょっとした休憩時には日陰を提供もしま

02 Walk & Wear

す。ストーブの風よけ・雨よけとしても活躍するでしょう。傘は最も多機能なレインギアなのです。

　四季があり、湿潤な日本の山岳気候。
　天候が不安定な春山、梅雨の長雨、夏の雷雨、そして秋の台風。
　あらためて無雪期の日本では雨の多いことがわかります。もちろんすべてが嵐のような風雨とは限りません。また雨と出あうのが森林限界以下か稜線上かでその影響も変わります。レインギアはハイカーを守る重要な装備ですが、同時にその選択と軽量化には山域・季節・経験などハイカーの総合力が影響します。大事なことは風雨の恐ろしさを知り、レインギアを過信しないことです。

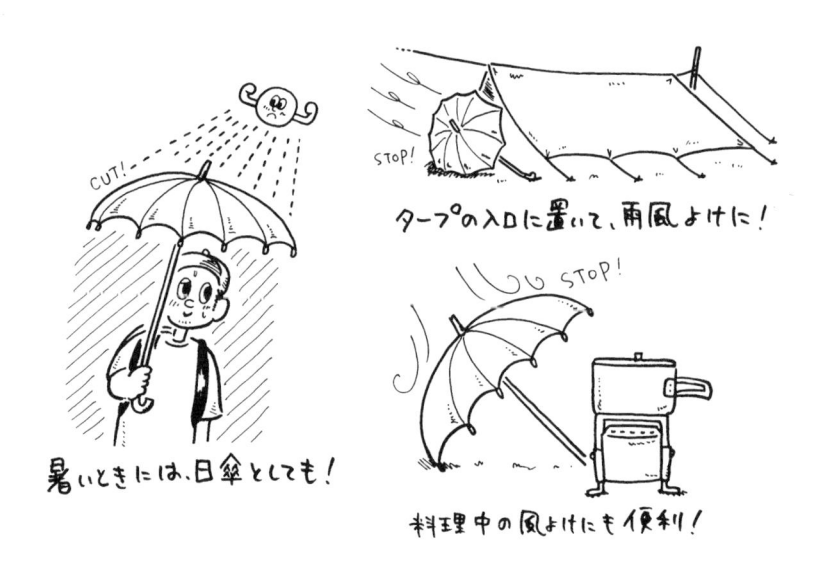

暑いときには、日傘としても！

タープの入口に置いて、雨風よけに！

料理中の風よけにも便利！

02 Walk & Wear

ウィンドシャツ
Wind Shirts

　その昔、ハイキングにおけるレインジャケットといえば、ムレて濡れてしまうゴム合羽製しかありませんでした。そのため稜線上での防風・保温にはウィンドブレーカーが必需品だったのです。しかしゴアテックスをはじめとする防水透湿膜を採用したレインジャケットの登場以降、その「ムレない」レインジャケットはウィンドブレーカーを兼ねるようになり、しだいにウィンドブレーカーはハイカーのギアリストから姿を消していきました。しかし近年、防風・透湿・速乾・撥水機能を搭載した150g以下の超軽量ジャケットが、ハイカーに再評価されています。これには機能の進化だけでなく、使用方法の転換が大きく起因しています。
　ウィンドジャケット、ウィンドシャツとよばれるハイカーの新たなワードローブを見てみましょう。

撥水と耐水

　薄手の生地に強い撥水処理を施した衣類を手にとると、ハイカーは簡易レインジャケットにならないかと考えてしまいます。木々が風雨を多少なりとも遮る森林限界以下なら、小雨程度には対応できるでしょう。2〜3時間のハイキングや、運動強度が高く体温を保持できるトレイルランニングなら、レインジャケットの代わりになるかもしれません。しかしいくら強い撥水処理が施されていても決してレインギアにはなりません。それが撥水と耐水の大きな違いです。
　傘の生地には撥水処理が施されています。それはハイキングギアと比べて決して強いものではありませんが、強い雨を弾きレインギアとして役立ちます。なぜなら傘の骨が撥水生地にテンションをかけているからです。ピンと張られた撥水生地は水をきれいに弾きますが、生地がたるんでしまった古い傘には水がしみこみます。撥水生地が水を弾き続けるためには、撥水処理の強さだけでなく、生地がピンと張っていることが重要です。
　衣類にテンションをかけ続けることは現実的ではありません。生地のしわやたるみにより水が一定の箇所を流れる、風により生地に圧力がかかる、関節の動きで生地に圧力

▲ **02 Walk & Wear**

がかかる、すると撥水処理がいくら強くても水はしみこんでしまいます。衣類がレインギアとして機能するには、やはり圧力に抗する性能、耐水処理が必要です。レインジャケットの耐水圧は最低でも1万mm、ほとんどのモデルが2万mm以上あるのはこうした理由からなのです。

　ウィンドジャケットとレインジャケットの違い、それは撥水と耐水の違いなのです。

山シャツ進化形

　防風・透湿・速乾・撥水機能をもつ超軽量ジャケットは、アメリカではウィンドシャツとよばれます。ハイキング中の行動着、つまりシャツとして考えると、その特性がよく理解できます。

風をよけ
温度調整に優れ
ムレにくく
日よけにもなり
乾きが早い

速乾→
撥水→
防風→
透湿→

Wind Shirts

ハイテク素材のシャツとかカーディガンのような位置づけかな。

02 Walk & Wear

　こうした機能は昔からの山の行動着、山シャツが担っていたものに他なりません。アンダーシャツの上に一枚羽織った山シャツが行動中の天候の変化にうまく対応し、体温調節を図ってくれたのです。現在のウィンドシャツは特に防風性・透湿性・速乾性のバランスが非常に優れています。そのため森林限界を超えた稜線上で行動着にすることで、山シャツのような効果が実感できるのです。フリースを着ると暑い、しかしカットソーだけでは肌寒い、歩くときにもう一枚着たい。そう感じるハイカーは多いはずです。多少の雨を弾く撥水性も重要ですが、それでレインウェアが省けるわけではありません。耐水圧を上げることで透湿性を犠牲にするより、軽い撥水性に留めてムレを抑えるほうが、行動中のハイカーにはむしろ好都合です。シャツと考えれば、レインギアとの併用にも違和感はありません。着脱が面倒に思われがちなプルオーバータイプのウィンドシャツはジッパーによるごわつきが少ないため、シャツとして考えれば機能的だといえます。日中でも気温が大きく変わる春や秋のハイキングでウィンドシャツを行動着にすると、体温調節が簡単になって快適性は増します。

　化学繊維の撥水加工が進化し、非常に薄い生地が開発され、透湿性が格段に向上したことで、ウィンドブレーカーは息を吹き返しました。防風性・透湿性・速乾性・撥水性のバランスに優れた超軽量山シャツとして生まれ変わったのです。

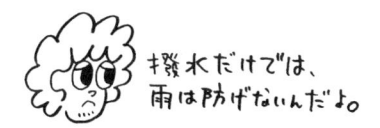

撥水だけでは、雨は防げないんだよ。

▲ 02 Walk & Wear

インサレーションウェア
Insulation Wear

　空気層が対流しないインサレーションウェア。フリースやダウンジャケット等は、衣類の中に溜め込んだ空気層が外気の寒さを遮断すると同時に被服の保温もする、優れた防寒着です。夏のハイキングでも標高2500mを超える高山では、冷え込む朝晩に何か一枚羽織りたくなるはず。春の残雪期や、秋の紅葉の時期ともなれば、気温は冬の東京と大差はありません。汗をかいて身体が冷えたとき、休憩で風に吹かれたとき、雨が降り気温が急激に下がったとき、インサレーションウェアが大いに活躍するでしょう。無雪期のハイキングでも、防寒着はハイカーのギアリストから外してはいけません。

薄くてもかまわない

　日中に歩き続けるなら、防寒着に頼らなくても運動による発熱で体を温められます。アメリカのPCTスルーハイカーは日の出から日没過ぎまで、とにかく歩き続けて体を温めます。朝や夕方の、じっとしていると寒い時間帯にも、歩いて体を温めるのです。そしてシェルター設営後はすぐにスリーピングバッグに潜り込んで体温を逃さないようにします。スリーピングバッグを体に巻きつけて明け方のトレイルを歩いているハイカーさえいます。このように、ハイキング中は「歩く」か「寝る」かだけなら、防寒着の出番はありません。自分のペースで長時間歩いているソロハイカーなら、わかりやすい感覚かもしれません。ある程度の保温力をもつスリーピングバッグを使用することが前提にはなりますが、このようにアメリカの先鋭的なウルトラライトハイカーは防寒着にあまり関心をはらわないのです。

　しかし休憩や食事など、ハイキング中でも歩いていない時間があるのも事実です。特にパーティでのハイキングでは、この傾向は強くなります。また日本のトレイルでは、幕営指定地の間隔や午後からの天候悪化等で、早めに行動を切り上げることは決して少なくありません。

　ある幕営指定地の午後、こんな判断をした経験はありませんか。

02 Walk & Wear

午後2時、次の幕営指定地までコースタイム約3時間。パーティのペースを考えると…
午後3時、遠くに雷雲が見える。この先のコースは稜線上…

標高が上がればトレイルの大半は稜線になります。森林限界を超えれば風雨はダイレクトにハイカーを襲います。夏の雷雨の恐ろしさ、春秋の雨の冷たさ、日本のハイキングでは停滞や行動の切り上げという選択は珍しくありません。歩いてはいない、眠るわけでもない、そうした時間が比較的長い日本のハイキング事情では、防寒着の出番は多

▲ 02 Walk & Wear

いといえそうです。
　このように、ハイキングスタイルは防寒着の選択に大きく影響します。

人数

　ソロハイキングでは誰を待つ必要もありません。休憩時間は自分次第で、体を冷やす前に歩き始められます。ソロハイカーはゆっくりとでも常に歩き続けて、体を温めていられます。アメリカのスタイル同様、防寒着を軽めにすることも可能でしょう。一方、パーティでのハイキングなら、全員のペースを合わせなくてはなりません。人によっては待ち時間が長くなるため、体も冷えます。こうした待ち時間にスリーピングバッグを取り出して体に巻きつけるのは、現実的ではありません。防寒着の出番です。

行動時間

　PCTスルーハイカーのように日没過ぎまで歩くのは日本ではなかなか実践できませんが、早朝からの行動は日本でも昔から実践されています。ベテランハイカーにとって、学生時代の夏の縦走合宿での、3時起床、4時朝食、5時出発というスケジュールは、懐かしい思い出でしょう。午後3時〜4時に行動を切り上げるとしても、朝4時〜5時に歩き始めれば、10時間以上は歩けます。早朝の寒い時間にはさっさと歩き始めて体を温め、夕方の寒くなる前に夕食をとって体を温め、そのままさっさと暖かいスリーピングバッグへ潜り込む。このように行動時間を早朝へ前倒しして長時間歩行ができれば、日本でも防寒着のボリュームを下げられそうです。当然、毎日10時間近く歩き続ける体力と気力が必要です。

季節

　日本アルプスに比べハイカーが歩けるシーズンが長い奥多摩・奥秩父の2000〜2500mの山々を例にとりましょう。6月上旬から10月上旬までは、明け方の最低気温が0℃を下回ることは多くはありません。5月下旬以前や10月中旬以降には最低気温は−5℃を下回ることも増え、降雪や氷結が見られるようになります。7〜8月の盛夏を除くと、5月下旬と10月上旬が防寒着のボリュームを考えるちょうどよい時期ではないでしょうか。歩くことが多いお気に入りの山域での最低気温の変化に注意をはらいましょう。多くの山域で5月と10月の2カ月間は、気候が大きく変化する月にあたります。

02 Walk & Wear

　寒さの体感は人それぞれ。北海道のハイカーと沖縄のハイカーでは寒さの感じ方は異なるはずです。いつ、どこで、どんなハイキングをするかによって、防寒着のボリュームは変わります。日の出から夕方まで歩き続けるハイカーなら防寒着を薄くしたって大丈夫です。一方、立ち止まって景色をながめ、動植物の観察を楽しみながら歩くハイカーなら、やはり厚めの防寒着が必要です。

化繊綿という選択

　ハイカーが防寒着を必要とするのは、歩いているときではなく休んでいるときだといえそうです。そこで有効なのが、ダウンや化繊綿などの中綿をもつインサレーションウェアです。同重量のフリースと比較すれば軽さ・コンパクトさ・暖かさ、すべてにおいて性能が高いので、歩行中にはほぼ着用しない無雪期のハイキングでは、ダウンや化繊綿のインサレーションウェアが防寒着には最適でしょう。

　軽さ・コンパクトさ・暖かさにおいて満足できるのは、やはりダウンジャケットです。厳冬期用のボリュームあるハイロフトモデルだけでなく、ダウンセーターやインナーダウンとよばれるスリーシーズン用の薄手モデルも充実してきました。防寒着としての基

▲ 02 Walk & Wear

本性能では群を抜くダウンジャケットですが、唯一の弱点は湿気。特に高品質ダウンは少量でも大きく膨らみジャケットのかさを維持できることから、軽量化の素材として好まれています。しかし少量のダウンでかさをもたせたジャケットは、湿気を帯びると急激にそのかさを失います。もともとのダウン量が少ないので、ペチャっとつぶれやすいのです。インサレーションウェアは空気を含んだ断熱層の厚み（ロフト）が保温力を決定します。湿気でダウンのかさが減れば当然、保温力は落ちます。もともと薄手のダウンセーターやインナーダウンは、この点に注意が必要なのです。

雨が降り続くハイキング。湿度が増し、すべての道具や衣類が湿ってきた
仲間を待つ休憩時、汗をかいたカットソーの上へすぐに防寒着を羽織りたい

雨が多く、湿度が高い日本の山ではこうした状況は珍しくはありません。ダウンを濡らしたくない、そんなハイカーの要望にこたえるのが化繊綿のインサレーションウェア

INTO THE FOG

湿ると かさを失って 保温力が 落ちる

湿っても 保温力は ほとんど 変わらない

天然ダウン　　化繊ジャケット

です。最大の特徴は湿気に強いこと。ほとんどの化繊綿は乾燥時と湿潤時で保温力に大きな差はありません。現実には「ズブ濡れ」になれば、水による熱伝導と気化熱とで体温が奪われるのは化繊綿も同じですが、ハイキングで頻発する、「雨や汗で湿っている状態」では、ダウンと比較すると圧倒的に有利です。

　軽さ・コンパクトさ・暖かさはダウンに劣るため、同じ保温力を得るためにはかさ張り、重くなってしまいます。厳冬期用ハイロフトモデルならそれが顕著に表れますが、スリーシーズン用薄手モデルなら大して差はありません。日本やイギリスなど雨の多い地域のハイカーにとって、薄手の化繊綿インサレーションウェアはダウンとは異なるメリットをもつスリーシーズン用防寒着として再評価され、その存在感を高めています。

　軽さを突き詰めるなら、もちろんダウンの選択が間違いないでしょう。しかし軽さを維持したうえで湿気対策もとりたいなら、無雪期のハイキングには化繊綿インサレーションウェアの選択を検討してみましょう。

　衣類としてだけでなく、スリーピングシステムの一部としても捉えられるようになったインサレーションウェア。保温力、収納性、重量、湿気対策、スリーピングバッグとの保温力バランス、そして歩き方をふまえて選ぶ。インサレーションウェアの選択にはまさにハイキングスタイルが反映されています。

▲ トレイルにて
Trail Ultralight Hiking

03

食べる、飲む
Eat & Drink

ハイカーにとっては「食事をとる」ことも「水を飲む」ことも、歩くのと同じくらい大切な行為です。そして食料と水こそが、ハイカーが背負う最も重いものです。これをいかに効率よく運び、摂取するか、これに伴う道具からいかに無駄を省くか。「自分の能力を知る」というウルトラライトハイキングの基本に立ち返ることで、見えてくるものがあります。

03 Eat & Drink

ストーブ＆クッカー
Stove & Cooker

　デイハイキングであれ、オーバーナイトハイキングであれ、食事の際に使用するストーブとクッカーはハイカーにとって最もなじみ深い道具のひとつです。ウルトラライトハイキングというスタイルが生まれたことで劇的な軽量化＆コンパクト化を遂げるのは、これらストーブ＆クッカーかもしれません。
　食事の内容によって、ストーブ＆クッカーの選択は変わります。まずはハイカーの食事について考えてみましょう。

ハイカーの食事

　ハイキングでは、どんな食事が必要なのでしょうか。成人男性を例に、カロリーでみてみましょう。

基礎代謝量	約1500kcal
空身で8時間歩行	約2000kcal＋基礎代謝量
10kgの負荷で8時間歩行	約3000kcal＋基礎代謝量
20kgの負荷で8時間歩行	約3500kcal＋基礎代謝量

　ハイキングに必要なカロリーについては様々な計算法や説があるため、一概にはいえませんが、おおよそこのように考えてよいでしょう。ベースウェイト5kgに水＆食料を加えるウルトラライトハイキングでは、4000〜4500kcalが1日の必要カロリーだといえそうです。しかしすべてを担がなければいけないハイキングでこれをキッチリ摂取するのは難事です。穀物100gあたりのカロリーはどれもおおよそ350kcal。穀物を1日1kg摂取しても必要カロリーには届かないのです。重荷を担ぎ荒れた山道を暗くなるまで歩いていた昔の岳人や案内人が米を1日に1升食べていたという話も、必要カロリーからみればうなずけることです。
　しかし実際のハイキングで、食料計画が1人あたり1日米1kgというのは現実的で

03 Eat & Drink

はありません。1泊2日のウィークエンドハイキングなら好きなだけ食料を用意しても担げるでしょうが、3泊4日、1週間、10日と日数が増えるにしたがい、その軽量化は切実になります。1人1日500〜600gの食料というのが現実的な計画といえそうです。摂取カロリーは必要カロリーに及びませんが、体験的には無雪期のハイキング10日程度までなら、それほど厳密にカロリーを考えなくても支障はないでしょう。もちろん個人差は大きいので自身によるさじ加減は必須ですが、多くのハイカーがロングハイキングと感じる5日以上のハイキングでは、以下のプランが考えられます。

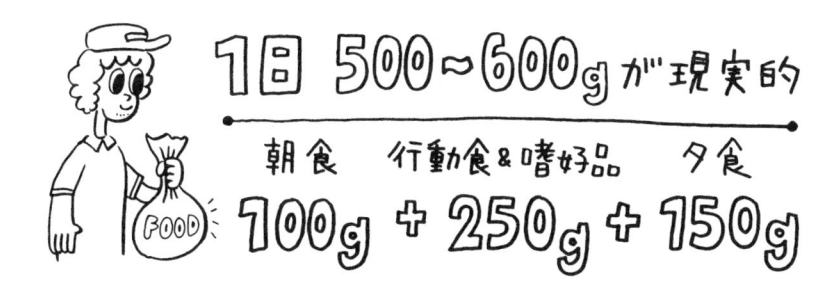

1日 500〜600gが現実的

朝食　行動食&嗜好品　夕食
100g ＋ 250g ＋ 150g

朝食　100g（400kcal）

　歩き始める前にエネルギー補給をするのはいうまでもありませんが、行動前に満腹になると血流が胃に集まり、動きにくくなります。歩き始めの数時間、胃が重くて調子が上がらないという経験はないでしょうか。日本では朝も調理し、しっかり食べてから出発というスタイルが主流ですが、アメリカでは朝食をとらずに歩き始め、行動食をとりながら1〜2時間歩いたのちに朝食をとる、というスタイルが多いようです。

エナジーゲルとエナジーバーを組み合わせて400kcal補給

　朝食にフリーズドライ食品を利用するなら量を少なめに調整し、そのぶんをカロリーが高いココアや即効性の高いエナジーゲルで補います。エナジーゲルは湯に溶いて飲むといいでしょう。これは歩き始めの朝にこそ有効です。朝食も行動食で済ませると割り切る場合でも、朝の冷気のなか、こうした温かい食べ物は身体も心も温めてくれるものです。

03 Eat & Drink

行動食＆嗜好品　250g（1150kcal）

　マラソン、自転車ロードレース、トレイルランニングなど、ハイキングよりはるかに強度が高い運動では、体内に蓄えられるグリコーゲン2000kcalの消費を前提にエネルギー補給を考えます。ここではタイミングが肝要です。これに失敗すると血糖値が下がり動けなくなります。一度このハンガーノックに陥ると、その後の回復には時間がかかります。ハイキングは運動強度が低いものの、エネルギー摂取に限界がある山のなかでのことです。行動中のエネルギー補給は厳密にすべきでしょう。

　ハイキング中は血糖値を下げてはいけません。空腹を感じる前に少しずつ食べ物を口にしましょう。まとめて食事をとるよりも、適宜少しずつ補給するほうが効果的です。歩いている最中の満腹感は動きを鈍くするだけでなく、集中力も下げてしまいます。血糖値を下げず、かつ満腹感を避けるためには、歩きながら少しずつ食べましょう。

　行動食は調理せずにそのまま食べられるもの、小分けにして食べられるものを選びます。ナッツ類は100gで550kcalと重量あたりのカロリーが非常に高い点がメリットです。揚げ菓子やスナック類、サラミやビーフジャーキーといった乾燥肉も同様に、カロリー摂取の点で有効です。ハイカーにもよく愛用されるエナジーゲルは100gで240kcalと、重量あたりのカロリーはさほど高くはありません。しかし即効性が高い点と血糖値を安定させやすい点が最大のメリットです。ハイキングでも正念場や、固形物を食べたくないときに有効です。いり大豆・いり玄米・甘納豆など、日本古来の携帯食も見逃せません。行動食には、カロリー・即効性など合理的な面、甘味・塩味など嗜好品としての面、このバランスを考慮しながらセレクトする楽しみがあります。

加藤文太郎と甘納豆

03 Eat & Drink

夕食　150g（550kcal）

　一日が終わり、シェルターの中でくつろぐ時間。就寝前に身体を温める意味でも、温かい夕食はハイカーの楽しみです。疲れたハイカーは調理になるべく時間をかけたくないので、簡易に温かい食事が作れるフリーズドライ食品が好まれます。消費したエネルギーの補給や睡眠時の体温保持のため、朝食よりも多めの食事が必要です。行動食の一部を楽しみとして食べることも、エネルギー補充には有効です。

　フリーズドライ食品は、ジッパーつきプラスチックバッグに湯を入れ蒸らして調理する方法があります。ボイルインバッグと呼ばれるこの方法は、クッカーが汚れないため水やペーパーが節約できるだけでなく、調理中の水蒸気発生を抑えてシェルターの結露対策にもなるなど、軽量化以外のメリットも多いのです。

　なお、カロリー摂取のみを合理的に考える、ストーブ＆燃料などを省いて軽量化を極限まで推し進める、といった理由から、火を使わずそのまま食べられるものや水で戻すだけで食べられるものを好む例もアメリカのスルーハイカーには多いようです。

湯を入れて蒸らせば"完成"！
オリジナルフリーズドライ食品！
参考レシピ「ポルチーニのリゾット」
アルファ米、粉チーズ、乾燥ポルチーニ、大豆ミート、ドライタマネギまたはタマネギパウダー、セアブライカ、ドライほうれん草、てんさい糖、天然塩、パセリ。

何を食べるか、何に使うか

　ハイカーの食事を吟味したら、次はストーブ＆クッカーを検討しましょう。選ぶためのポイントは以下の3つです。

何を食べますか

　ハイキングの食事であなたは米を炊きますか？　パスタを茹でますか？　炒め物は？

03 Eat & Drink

　しっかりと食事を作りたいという場合と、お湯を注ぐだけのフリーズドライ食品でもかまわないという場合では、ストーブに求める機能は大きく異なります。煮炊きしないなら、水を沸騰させる必要はありません。湯戻しや食品に熱を通すのに必要な温度は80℃程度です。また、沸騰したお湯に口をつけることはできず、どうせ煮立った食品を冷ますなら、わざわざ水を沸騰させるのは無駄だといえます。「煮炊きをする」か「湯戻しをする」かで、必要な火力や道具は変わります。極端な方法ですが、時期によっては「火を使わない」という選択すらあるのです。

何に使いますか
　食事以外でストーブ＆クッカーを使うかどうかも考えましょう。冬のハイキングでは、「水づくり」や「暖房」が挙げられます。初夏の山でも水場が雪渓に埋まっていれば、水づくりが必要になるかもしれません。水はその状態を変えるときに最もエネルギーを必要とします。固体（氷＆雪）から液体（水）へ、液体から気体（水蒸気）へと変化するときです。雪を溶かすにはそれ相応の火力のストーブと容量の大きいクッカーが必要なのです。

気温と人数
　気温も重要な条件です。気温が低ければ湯を沸かす際に必要な火力は大きくなります。現在、クッカーはチタン製が主流ですが、チタンは熱伝導率が低いため一度冷えるとなかなか温まりません。気温が低い季節、冷えたポットを温めるには当然、多くの熱量が必要です。また用意する食事が1人分か数人分かで、必要な火力やクッカーのサイズは変わります。
　以上のように、ストーブやクッカーの選択には様々な条件がからんできます。どんな食事をとるか、どうやって体温を維持するかなど、様々な要件から必要な機能を絞り込みましょう。

200mlの湯沸かし

　水づくりは不要、食事は各自で用意する、フリーズドライ食品が中心、そんな無雪期のウルトラライトハイキングには、

03 Eat & Drink

最低200mlのお湯が沸かせること

これがストーブ＆クッカーの必要最低限の条件です。お湯を注ぐフリーズドライ食品、粉末スープ、コーヒーやココア＆紅茶、どれも1人分に必要なお湯は200ml前後です。これらに必要なお湯を一度に沸かすとしても600ml。これが必要にして十分な、温かい食事が用意できるお湯の量です。コーヒーやお茶だけ楽しみたいデイハイキングならいうまでもありません。一度に沸かしてまとめて調理し、冷ましてしまうのはもったいなくありませんか。必要なときに必要な量をこまめに用意する。3回に分けて200mlずつお湯が沸かせれば、こと足ります。

では容量200mlのクッカーで用が足りるかといえば、これはあくまで必要最低限の話。実際のハイキングでは400ml程度のお湯が沸かせると便利です。

ウルトラライトストーブ

湯沸かしだけできればいいウルトラライトハイキングでは、アルコールストーブや固形燃料ストーブが多くのハイカーに好まれています。

アルコールストーブ

　本体重量　約10〜110g
　燃費　水200mlを沸騰させるのに約10〜15ml

アルコールストーブの材質には、真鍮、チタン、アルミ、ステンレスと、様々あります。チタン製ストーブやアルミ缶によるハンドメイドストーブなら、本体重量は30gを

03 Eat & Drink

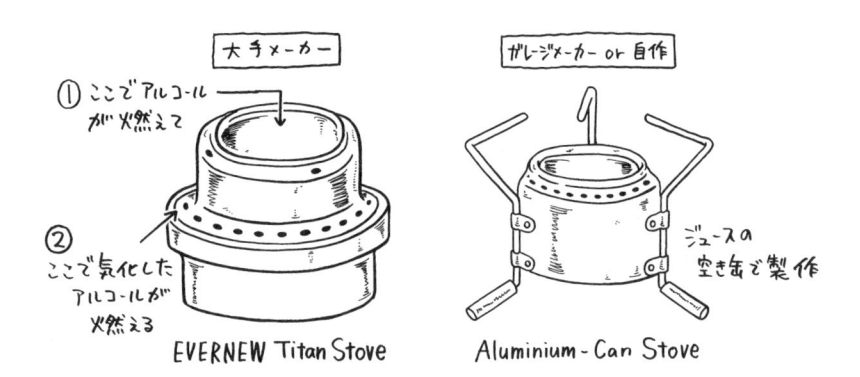

大手メーカー
① ここでアルコールが燃えて
② ここで気化したアルコールが燃える
EVERNEW Titan Stove

ガレージメーカー or 自作
ジュースの空き缶で製作
Aluminium-Can Stove

切ります。圧倒的な軽さは大きなメリットです。
　さらに燃料計算の容易さが挙げられます。残燃料が見えないガスカートリッジは燃料計算が難しいので、必要以上に予備を持参しがちです。アルコールストーブの多くは燃焼時にも残燃料が視認しやすいため、慣れてくれば予備を含めての燃料計画が立てやすくなります。湯沸かしに徹するというスタンスも燃料計算を楽にします。無駄な燃料を持たずにすむのは、長期のハイキングでは大きなメリットです。また燃料は薬局でも入手できるので、世界中どこでも調達可能といえるでしょう。プラスチック製の燃料ボトルが使えるので、軽量化が図れます。ガスストーブは空のカートリッジだけでも100gを超えてしまうのです。
　現在はガレージメーカーだけでなく、大手メーカーもアルコールストーブを販売するようになり、軽量性だけでなく安定性・システム化・低燃費・寒冷地対応などの特徴が競われています。またカーボンフェルトをアルコールストーブに使用することで、プレヒート時間の短縮や安定した長時間燃焼が可能になりました。シンプルでありながら、まだまだ多くの可能性を秘めているのがアルコールストーブなのです。低温下での着火性の高さにも注目すべきでしょう。
　なによりも、誰でも簡単にアルミ缶から軽量ストーブが作れる楽しさ。これこそ自分でハイキングをつくりあげていくウルトラライトハイキングの精神を代表するものだといえます。

03 Eat & Drink

Quatro Stove 組立式 固形燃料をのせる

Esbit Titan Stove 折りたたみ式

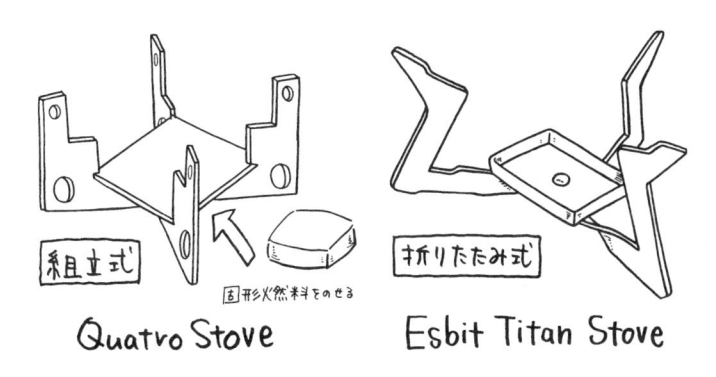

固形燃料ストーブ

本体重量　約10〜30g

燃費　水200mlを沸騰させるのに約5g

　エスビット社では、固形燃料とセット販売されているゴトクが有名でしたが、現在ではさらに軽量なチタン製の固形燃料ストーブが入手可能です。メリットはアルコールストーブ同様、本体の大幅な軽量化＆コンパクト化、燃料計算の容易さにあります。固形燃料なので扱いやすいことと、燃費のよさも見逃せないポイントです。これらについてはアルコールストーブ以上に効率がよいといえるでしょう。またアルコールストーブのようなプレヒートはいらないので、燃料ロスを最小限に抑えられます。しかしタールのようなススが出るのは、最大のデメリットです。軽さに大きな魅力を感じても固形燃料ストーブを避けるハイカーの多くは、このススの問題を口にします。また、着火時に炎である程度あぶらなければならないことも、嫌われがちです。とはいうものの、着火前にアルコールを固形燃料に数滴たらしておくことで、その問題は解決します。軽さを優先したいハイカーにとっては、非常に有効なストーブといえるでしょう。

　アルコールストーブ・固形燃料ストーブとも絶対的な火力は弱く、ハイキング用ストーブとしては長らく日が当たりませんでした。しかし条件によっては十分に使用可能で、思い切った軽量化が図れます。これらに共通するのは「燃料計算のしやすさ」です。

▲ 03 Eat & Drink

　本体重量だけなら50g台のガスストーブもあるのに、あえてアルコールストーブや固形燃料ストーブを選ぶのは「燃料の無駄を省ける」ことを最大の魅力だと感じているからです。部屋に転がる、中途半端にガスの残ったカートリッジに悩まされるハイカーは多いのです。また静かな燃焼やメンテナンスフリーのシンプルな構造も、他のストーブにない魅力といえそうです。

　最後に、ウルトラライトストーブに共通する使用上の注意点を押さえておきましょう。

1. 火力が弱い

　アルコールストーブの火力アップに、多くのハイカー、ストーブビルダーが挑んでいます。現状ではガスストーブやガソリンストーブに比べ火力は弱いという認識をもたねばなりません。ガスストーブの代わりではなく、1人分の湯沸かしに機能を絞り込んだストーブだと考えるべきでしょう。

2. 耐風性が低い

　火力の弱さに起因するものですが、耐風性が非常に低いため、ウィンドスクリーンとの併用が必須です。これは熱効率を上げるヒートリフレクターとしても有効です。熱を周りに逃がさず、クッカーに集中させるだけでなく、ストーブ本体も温めることで火力を上げることができるのです。風をよけ、熱を逃がさないウィンドスクリーンとウルトラライトストーブは、切っても切れない関係なのです。

3. 安定感に乏しい

　本体の小ささと軽さゆえ、安定感に欠けることが多いので各自で工夫と注意が必要です。草地などではストーブがなかなか安定しないでしょう。自然のなかでは完全フラットな硬い地面を探すのは困難です。平らな面をもつ適当なサイズの石をストーブベースにしても、各自で持参してもいいでしょう。また倒れてもアルコールがこぼれないように、内部にカーボンフェルトを入れる工夫もよくとられています。

　デメリットを理解したうえで、工夫して使う。万能な道具ではありませんが、そのぶん「軽さ」では突出しています。

ウルトラライトクッカー

　ソロクッカーの容量は700〜900mlが現在の主流です。1人分をクッカーで調理する場合、パスタ100gを茹でるには約1000ml、米1合を炊くには約700ml、煮込み式のフリーズドライ食品では約700ml、インスタントラーメンも約700mlがクッカー容量として必要です。ソロクッカーはこれらを満たす容量をもち、ガスストーブ＆カートリッジが収納できる形状にデザインされています。主食＆副食、スープを組み合わせるときはクッカーも2個以上が必要になるでしょう。

　ところで先に挙げた「最低200mlの湯沸かしができること」というストーブの条件を思い出してみましょう。熱湯を注ぐタイプのフリーズドライ食品、粉末スープ、コーヒーなどに必要な湯量はそれぞれ約200mlです。したがってクッカーで煮炊きをせず、ジッ

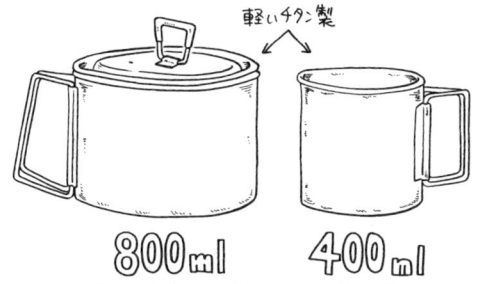

軽いチタン製

800ml　400ml

寒い時期には800ml、暑い時期には400mlを使い分けてもよい。

🔺 03 Eat & Drink

パーつきプラスチックバッグなどで蒸らし調理をするなら、湯沸かしのみに用途を絞ってクッカー容量が選択できるのです。

容量200〜300ml （チタン製　約40〜50g）

　これ以上は削ることができない、完全ミニマム容量。食事、スープ、コーヒー等1回ずつ湯沸かしをする必要があるので手間は増えるが、最大限の軽量化が可能。とにかく軽量化をすべてに優先している、食事には原則として火を使わない、という突き抜けたウルトラライト志向のハイカーには最適なサイズでしょう。

容量400〜500ml　（チタン製　約60〜70g）

　食事とスープ、食事とコーヒーなど、2回分のお湯を一度に沸かせる容量。フリーズドライ食品を蒸らしながら、食前のコーヒーを飲んでくつろいではいかがでしょうか。温かい飲料を一度にたくさん用意できるのも、冷え込む朝晩にはうれしい魅力。無雪期のウルトラライトハイキングには最も実用的な容量といえるでしょう。

容量600〜800ml　（チタン製　約80〜100g）

　一般的なソロクッカーとほぼ同じ容量。無雪期にカップルで歩くなら、これひとつで2人分のお湯がつくれます。晩秋から残雪期のハイキングでは、湯たんぽや、水、水筒に詰めるお茶をつくるとき、この容量があると重宝します。

　このような容量だと、クッカーというよりもマグカップと呼ぶのがふさわしい形状になります。そう、湯沸かしだけと割り切ればマグカップでも十分にまかなえるのです。効率的な湯沸かしには蓋が必要ですが、アルミホイルでも十分に代用できます。クッカーやマグカップは軽いチタン製が好まれますが、熱伝導率が高く湯沸かしに適したアルミ製に再注目するメーカーも現れています。どちらを選ぶかは好みで。容量が小さいので、素材の差が実用上の差につながることはまれでしょう。

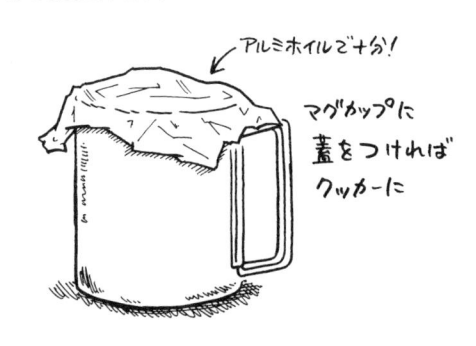

03 Eat & Drink

ボイルインバッグ

　ウルトラライトハイキングではクッカーが煮炊きに使われることはまれです。調理はジッパーつきプラスチックバッグの中でおこなわれます。ボイルインバッグと呼ばれる方法です。お湯が用意できたら、フリーズドライ食品を入れたジッパーつきプラスチックバッグの中に注ぎます。よく混ぜ合わせてから空気を抜いて密封し、蒸らします。寝袋、ダウンジャケットのポケット、ニットキャップ、予備ソックスなどの中に入れて保温するとよいでしょう。お腹のあたりで抱えればカイロも兼ねられます。

　保温材で作られたコジーはちょっとした贅沢品ですが、威力は折り紙つきです。保温効果が非常に高く、調理時間が短縮できるだけでなく、お湯を注いでから2時間程度は保温が可能です。朝晩の冷え込みが厳しい季節に活用したい道具のひとつです。

　お湯を注ぐタイプのフリーズドライ食品は各種ありますが、ハイカー自身でアレンジして作ってみてもいいでしょう。アルファ米、クスクス、オートミールに乾物やドライベジタブル、調味料を加えれば簡単に用意できます。慣れてくれば量も味も思いのままです。パスタ、そうめん、ビーフン、春雨にも、早茹でタイプや湯戻し可能なタイプがあります。いつも決まった市販品を食べるだけでなく、オリジナルレシピを試すのもハイキングの楽しみになるでしょう。

　ボイルインバッグのメリットをまとめると、

▲ 03 Eat & Drink

　クッカーは湯沸かしのみに使うので汚れない
　調理中のプラスチックバッグを衣類の中に入れて暖をとることができる
　食事が残れば封をして保管。翌朝、スープを入れて雑炊やリゾットにできる
　調理中に水蒸気が出ないのでシェルターの結露軽減につながる

　袋から直接食べることに抵抗を感じるという声もありますが、軽量化以外のメリットもあります。ボイルインバッグはクッカーを汚しません。食後のクッカー洗いの手間だけでなく、水やペーパーも節約できます。作りすぎてもそのまま密封保存できます。また、1食につきプラスチックバッグを1袋用意して持ち運ぶのではなく、材料を1食分ずつラップでくるみ、調理に使うプラスチックバッグを使い回せば、ゴミも減らせます。道具もゴミも減らして身軽になれる、優れた調理方法なのです。

03 Eat & Drink

ウォーターコンテナ＆トリートメント
Water Container & Treatment

ハイキングに限らず、運動を続けるために最も大事なのは水分補給。「運動中に水を飲むとバテる」という迷信がまかり通っていたのは遠い過去。極端にいうと、食料以上に水分の補給は重要です。そして水は、ハイカーが運ぶもののなかで最も重いものでもあります。

ウルトラライトハイキングでしばしば比較されるベースウェイトに水は含まれませんが、担ぐことに変わりはありません。どのくらいの量を持ち運ぶか、どのタイミングでどの程度の量を飲むか、どこで調達するか。

「軽量化」と同時に「効率化」という視点をもって水分補給を考えてみましょう。

欠かせない水

人が1日に必要とする水分量は、おおよそ以下のとおりです。

通常量　2500ml
最低量　1200ml
極限量　500ml

ここでは食物に含まれる水分も計算されています。人は呼吸するだけでも1日に500mlの水分を失います。老廃物の代謝に必要な尿量は400ml。尿の色が濃くなるのは水分不足の兆候です。これはハイキング時でも簡単に確認できる身体からの信号です。水分補給を怠ると血液濃度が上がり、循環器の働きに支障をきたし、さらに運動能力を

▲ 03 Eat & Drink

低下させます。また、発汗で失われるのは水分だけではありません。体内のミネラルバランスも崩れるため、筋肉のけいれんなどを引き起こす原因にもなるのです。

平常時ですら2500mlが必要ということは、ハイキングでの1日の必要量はさらに多くなるでしょう。

ハイカーの水分補給

季節によって、山によって、歩く距離によって、そして体格によっても、ハイキング時に失われる水分量は個人差が大きいものです。ここでは、平均的なハイキングで最低限は補給すべき水分量の目安を示しました。

- 8時間歩行で2.4ℓ
- 4時間歩行で1〜1.2ℓ
- 1時間あたり0.25〜0.3ℓ
- 調理（ボイルインバッグ）に用いるのは1日1.2〜1.5ℓ

1時間に1度休憩をとると、そのつどコップ1杯半を飲むペース。1ℓのハイドレーションリザーバーを使用すると3〜4時間で飲み終わるペースです。これを目安に、自分に適した量を求めてください。

なお、歩行中は意識してこまめに水分をとりましょう。何時間も水を飲まず、一気に1ℓ飲もうとしても難しいはずです。一度に飲める水分量には限界があるため、結果として必要な量が摂取できません。渇きを感じる前に少しずつこまめに水分を補給するのは、空腹を感じる前に少しずつこまめに行動食をとることと同じくらい重要なのです。慣れないうちはどうしても水分補給量が少なめになります。習慣になるまでは意識的におこないましょう。

1日に必要な水分量は何を食べるかによっても大きく違ってきます。次に挙げるのは、歩行中に最低限は補給すべき水分量に、食事で必要な水分量を足したものです。ボイルインバッグで調理するフリーズドライ食品にスープ、コーヒーを1回の食事とし、それを1日2回とる、という計算に基づいています。

03 Eat & Drink

ハイカーの必要最低水分量（食事も含む）は1日あたり約4ℓ
ハイカーには最低でも2ℓのウォーターコンテナが必要

　計画時には、水場の位置と、水場間の距離を把握しておきます。水場は、午前と午後で最低でも1カ所ずつ確保します。そのつど2ℓの水が調達できれば、水場のないところでのビバークにも対応できます。

ハイドレーションシステムとペットボトル

　歩行中に水分を補給するための道具としては、昔からボトルがスタンダードです。近年では、バックパック内のリザーバーからチューブを通して補給するハイドレーションシステムが好まれています。ボトルはアルミ水筒よりもペットボトルが、ハイドレーションシステムなら専用モデルよりも折りたたみプラスチック水筒に接続できるタイプが、より軽量です。両方とも強度面ではやや劣りますが、ハイキングで使うぶんには大きな問題はないでしょう。このデメリットは後に述べるバックアップの方法でもカバーできます。
　必要量をこまめに補給できるという点では、ハイドレーションシステムに軍配が上がります。足を止める必要も、バックパックを下ろしてボトルを取り出す必要もなく、

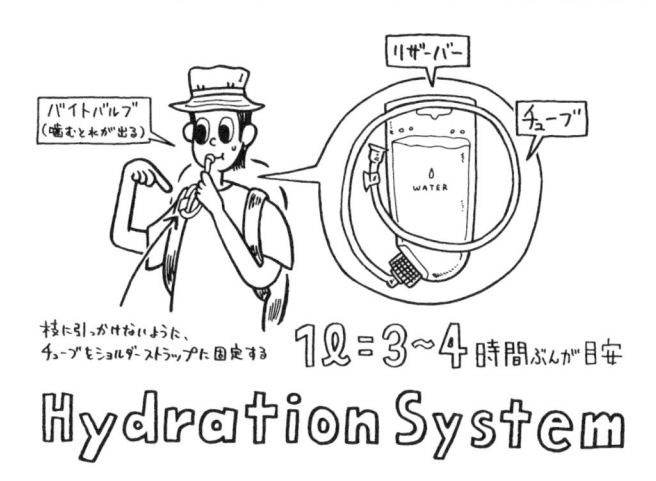

▲ 03 Eat & Drink

　歩いたままチューブをくわえるだけでいいのです。チューブが枝に引っかからないよう、チューブの長さを調整し、バックパックのショルダーストラップに固定しておきます。リザーバーがバックパック内にあるため水の残量が把握しにくいという声もありますが、リザーバーのほとんどは容量が1ℓ以上です。3〜4時間ぶんを目安にしてはいかがでしょうか。慣れれば自分の消費量も予測できるようになるでしょう。なお、バックパックにはリザーバーを収納するポケットやチューブを出す孔が標準装備されていますが、ハイキングでは必ずしもこれを使う必要はありません。水場でリザーバーに水を補給してバックパックのポケットに戻すのは、非常に手間がかかります。リザーバーとチューブ内の空気をしっかりと抜いておけば、バックパックのいちばん上に収納しても水は出てきます。重い水がバックパックの上部にあると、パッキングのバランスもよくなります。リザーバーをバックパックのいちばん上、肩の後ろあたりに納めてみてはいかがでしょうか。

　行程の短いハイキングなら、ペットボトルを選択してもいいでしょう。アメリカではロングトレイルを歩くハイカーにも好まれていて、最もウルトラライトハイキング的なウォーターコンテナといえます。なんといっても軽さと経済性は大きな魅力。水の残量も一目瞭然です。日本でポピュラーな500mlボトルなら2時間程度が消費の目安になるでしょう。ペットボトルはバックパックのサイドポケットに収納することが多いはずです。しかし歩きながらだと意外と取り出しにくいため、ついつい補給がおろそかになります。こまめな補給を、ハイドレーションシステム以上に心がけましょう。

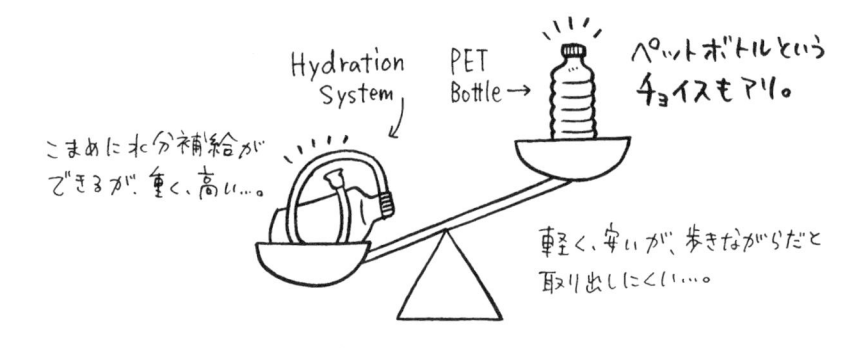

03 Eat & Drink

バックアップ

　ハイキングで水を携帯するには、大容量のウォーターコンテナひとつでまかなえば軽量化がかないます。しかしリスク分散のためには、複数のウォーターコンテナを持つべきでしょう。ウルトラライトハイキングで好まれるペットボトルやハイドレーションシステムは、孔あきなどによる水漏れの可能性がゼロではありません。また、水場での補給中にあやまって流してしまうこともあるでしょう。コンテナがひとつなら、これは死活問題になりえます。しかしウォーターコンテナを複数持っていれば、危機的状況からは逃れられます。また水の残量も容易に把握できます。重量的なデメリットは、軽量な折りたたみプラスチック水筒やペットボトルを用いれば十分にカバーできます。リスク回避とはかりにかければ、さしたる問題ではないはずです。

　複数のウォーターコンテナを携帯すると、飲料用と調理用に仕分けができて便利です。飲料用にはミネラル補給タブレットやクエン酸パウダー等を入れてもいいでしょう。調理用はそのまま携帯して予備にもできます。リスク管理と計画性を両立したテクニックなのです。

ウォーターコンテナのリスクマネジメント

2ℓ！　　　　1ℓ + 0.5ℓ + 0.5ℓ = 2ℓ
　　　　　　　　　　　SAFER！

Ouch!

山の水の危険

　山の水はおいしい。ハイカーなら、歩き疲れて水場に出あい、その水の冷たさ、おい

03 Eat & Drink

しさに歓喜した経験があるはずです。多くの山には有名・無名の湧水や水場があります。しかし残念ながら、そのすべてが安全に飲める水だとは言い切れません。山小屋が管理・維持する水場など、安心して飲める水場が大半ではありますが、名にしおう水場で大腸菌群が発見されることもあるのです。実際、水にあたったハイカーの話はときどき耳にします。

水の危険因子には、寄生虫・バクテリア・ウイルス・化学物質・鉱物などが挙げられます。このなかで日本のハイカーに最も身近なのは、大腸菌などのバクテリアでしょう。上域の地下浸透式トイレ、ハイカーの排泄物、野生動物の排泄物・死骸など、さまざまな原因により水場は汚染されます。北海道ではキタキツネが媒介となる寄生虫・エキノコックスが有名です。

また、危険とまではいえないかもしれませんが、汲み上げた水には砂・藻・虫・ゴミ等が混じっていることがあります。気にせずそのまま飲む人も多いでしょうが、危険因子は少ないに越したことはないのです。

アメリカのハイカーにとっては、トレイルで浄水器や浄水剤を使うのは常識です。美しい湖や川に恵まれ、多くのハイカーが憧れ歩くシェラネバダ山脈も例外ではありません。ジアルディアという寄生虫により、浄水器や浄水剤の使用が推奨されています。

ハイカーは、以下のような水場には警戒しなければなりません。

登山地図の水場マーク以外の沢水、湖水、沼沢の水
避難小屋などに併設された、雨水による貯水槽

季節や山域によってはこうした水も使用しなければなりませんが、その場合は防衛が必要です。

浄水

ハイカーが安全な水を手に入れるには、次の4つの方法があります。どの方法でも、まずはバンダナや手ぬぐいなどを使って大きな不純物を濾しておきます。

フィルター濾過

　カーボンやセラミックなどのフィルターで濾過する方法。ハイキング用モデルは寄生虫・バクテリア・化学物質に対して有効ですが、ウイルス・鉱物に対しては特殊な措置を施したモデル以外は効果がありません。しかしハイキングにおける水トラブルの大半が寄生虫やバクテリアに起因すること、水のにおいなども除去できることから、ハイキングでは最もポピュラーな方法です。また化学物質に対して唯一効果的な浄水方法でもあります。ポンプタイプは重く、かさ張ります。ウルトラライトハイキングでは水筒に浄水機能がついたボトルタイプが、軽さ・コンパクトさ・機動性などの点から好まれています。このボトルタイプはウォーターコンテナの予備にもなります。

　フィルターには寿命があります。濾過速度が遅くなってきたらフィルターの交換時期です。また、先に述べたように、まずはバンダナなどで大きな不純物は濾しておくと、フィルター寿命は大きくのびます。

寄生虫、バクテリア、化学物質に対して有効

フィルター

浄水剤

　水に殺菌剤を入れて一定時間放置する方法。浄水器を過剰ととらえる日本では、昔から非常用に携帯されてきました。最もウルトラライトな浄水方法ですが、水が薬品臭くなってしまいます。寄生虫、バクテリア、ウイルスに有効ですが、ものによって差があるので、確認しておきましょう。浄水器はおおげさでいやだけれど、何らかの浄水手段は保険として持っておきたいという人や、軽量化を最優先したい人に適しています。

浄水剤

寄生虫、バクテリア、ウイルスに有効

紫外線殺菌

　紫外線を一定時間照射して殺菌する方法。ハイキング界で最も新しい浄水テクノロ

03 Eat & Drink

ジーのひとつです。紫外線を利用するので水は薬品臭くはなりませんが、もともとのにおいはとれません。ポンプタイプのフィルター浄水器よりも軽くてコンパクト、ボトルタイプのフィルター浄水器よりは重くなります。寄生虫、バクテリア、ウイルスという生物的な汚染因子に対して等しく、素早く、確実に作用する点が最大のメリットです。

煮沸
　ストーブとクッカーで水を沸騰する方法。生物的な汚染要因すべてに有効ですが、大きめのクッカーで煮沸しないと効率的でないこと、煮沸用の燃料が必要なことなどから、ウルトラライトハイキングでは敬遠されがちです。

▲ トレイルにて
Trail Ultralight Hiking

04

気遣い

Things to Consider

ハイキングの様々なシーンを今一度、見直してみましょう。大事なのは、よりシンプルにハイキングを楽しむこと。ここでは実際のハイキングシーンに必要な「気遣い」をみていきます。

▲ *04 Things to Consider*

歩く
Walk

直射日光を避ける

　歩いている最中は、風雨だけでなく直射日光にも気を配りましょう。熱中症を避ける意味もありますが、直射日光を浴び続けると、極度に体力を消耗します。帽子や手ぬぐいなどを用いて後頭部から首筋のあたりに日よけをたらすと効果的です。ウィンドシャツやアームウォーマー、傘も日よけに活用できます。

夜は歩かない

　夜が訪れたらやたらに歩かないようにしましょう。樹林帯は特に闇が深いこと、霧が出るとライトが役立たないこと、視界が限られるのでトレイルや道標を見失いやすいこと、地形同定が難しいこと、ライトをつけての夜間行動は経験を積んだハイカーにとっても難しいこと、などがその理由です。ヘッドライトは生活用と割り切ってください。
　もし夜のハイキングを楽しみたいなら、満月の夜、歩き慣れた山から始めましょう。

ふたつの休憩

　ゆっくりでかまいません。オーバーペースに気をつけながら、歩き続けることをおすすめします。バックパックを下ろさずにちょっとだけ立ち止まり、景色を眺め、呼吸を整え、水を飲み、行動食をとり、そしてまた歩き始める。それで十分です。バックパックを下ろし、座り込んでの休憩が頻繁に必要なときは、バックパックが重すぎるか、オーバーペースで歩いているか、どちらかです。バックパックを担いだり下ろしたりは、意

04 Things to Consider

外に面倒な行為です。一度、腰をおろしてしまうと、また腰を上げるのがおっくうになります。風が吹いていれば体はどんどん冷えてしまい、動きが硬くなります。休憩のつもりがかえって体を動かないようにする場合もあるのです。休憩時に体を冷やすのは絶対に避けましょう。「疲れたら休む」を繰り返すより、疲れを感じない強度で歩き続けることを心がけましょう。特に雨の日のハイキングでは重要です。

腰をおろしての大休止は、日当たりがよく、風を避けられる場所と出あったとき。ここなら体が冷えることもありません。そしてシューズやソックスを脱ぎ、ムレた足を冷やし、乾かすことを忘れずに。その間、ちょっとした昼寝も気持ちいいでしょう。どうせ腰をおろすなら、寒さに首をすくめるよりも、これくらい優雅に休みたいものです。立ち止まるだけの休憩と腰をおろしての休憩、メリハリをつけましょう。

ナビゲーションは習慣と距離感

ハイキングでは、電池切れしない地図とコンパスは大事なパートナー。最初から高度なコンパスナビゲーションを覚える必要はありません。

▲ 04 Things to Consider

1. 地図の北と実際の北を合わせる
2. 30分に一度は地図を見る
3. 分岐や見晴らしのよいところでは地図を確認する
4. 地図上の250m・500mの距離感を身体に覚え込ませる

　まずは最初の3つを習慣にすることから始めましょう。習うより慣れろ、です。習慣にしてしまえば、そのうち地図に親しみがわいてきます。そうなるためにも、地図とコンパスはすぐに取り出せるようにするべきです。
　地図に慣れてきたら、4.に取りかかります。地図読みが苦手というハイカーは、この地図と実際の距離感が一致していないことが多いようです。しかし、こまめに地図を見ることを習慣づければ、地図と実際の地形とが頭の中で重なってくるようになるでしょう。
　地図とコンパスは迷ってから取り出しても無意味で、迷わないように使うものです。道に迷ったハイカーの地図とコンパスは、バックパックの中に大切にしまわれていることがほとんどです。地図読みの習慣と距離感の体得こそが、ナビゲーション上達の第一歩です。

マメと靴擦れの予防

　ハイカーが一度は経験したことのあるトラブル、それがマメと靴擦れです。この小さなつまずきはいずれ大きなつまずきにつながります。マメや靴擦れの痛みに耐えながら歩くのは、苦行以外の何ものでもありません。足をかばって歩き続ければ、他の部位を痛めることにもなります。こうして歩き方が乱れると捻挫の危険性も格段に増します。

　食事時や長い休憩時にはソックスを脱いで足を冷やす
　時間をみつけて足とソックスはなるべく乾かす
　日々、乾いたソックスに履き替える
　シューズ内に異物が入ったらすぐさま取り出す

　靴擦れする箇所がいつも同じなら、最初から靴擦れ防止パッドを貼っておくのが有効です。小石や砂利の侵入防止にはゲイターを利用してみましょう。足のムレを軽減する

04 Things to Consider

ためにソックスは、ローカットシューズなら薄手を、ハイカットブーツでも中厚の一枚履きで十分です。

防水シューズの二面性

　ハイキングシューズの防水機能には二面性があります。外からの浸入は阻止しますが、いったんシューズの中が濡れたり湿ったりした場合は、まず乾きません。防水性の高さはムレにもつながるのです。足の発汗量は、普段使用する革靴のムレを思い出せば理解できるでしょう。いくら透湿性が高い防水素材でも汗腺の多い足が対象では、簡単に限界を超えてしまいます。またシューズの中に水が入ってしまうと、その水は抜けません。水をためた長靴と同じです。
　何日にもわたり長時間歩行をするアメリカのスルーハイカーは、防水シューズを好みません。防水を施さないメッシュのシューズはたしかに濡れることもありますが、濡れても排水しやすく、乾かしやすいというメリットがあります。通気性の高さはシューズ内のムレも減らしてくれます。防水シューズに比べて柔らかいため、靴擦れの心配も少

▲ 04 Things to Consider

なくなります。速乾性・通気性・柔軟性の高いシューズは、足にとってもメリットが多いのです。雨のときは防水ソックスを使用してみるのも有効です。防風・保温効果をもたらします。

　無雪期のハイキングでは防水性のないシューズを履くという選択もあるのです。

04 Things to Consider

運ぶ
Carry

パッキングの重心

　バックパックは子どもを背負うように、肩甲骨へ乗せるイメージで背負うとフィット感がよくなり、バランスがとりやすくなります。身体の近くへ、そして上へ、これは荷物のパッキングでも同じこと。重い道具は背中側へ、そしてなるべく上部でパッキングしましょう。とはいっても、道具がシンプルで軽いウルトラライトハイキングでは、さほど難しく考える必要はありません。スリーピングバッグや防寒着・スペア衣類などはバックパックの下部へ、調理道具・水・食料は上部へ。これを意識するだけでもバックパックの重心は上にくるはずです。道具が少なく軽いことは、パッキングにとってもメリットになります。

圧縮しない、小分けしない

　スリーピングバッグやインサレーションウェアなど、かさ張る道具をコンプレッションバッグで圧縮するのは、小さくするという意味ではたしかに有効です。コンパクトになった外見は、満足感も与えてくれます。しかしもうこれ以上変形しないほどキチキチに圧縮されたスタッフバッグは、かえってパッキングしにくいものです。スタッフバッグには多少の余裕を残してゆったり詰めましょう。フレキシブルに変形するので、隙間をつくらずにパッキングできます。コンプレッションバッグは普通のスタッフバッグよりも重いので、どうしてもコンパクトにしたい時の使用にとどめましょう。上から荷物をギュッと詰めていけば、自然に圧縮できます。
　そして道具をなんでもかんでも小分けするのも考えものです。スタッフバッグや収納ケースが増えれば、そのぶん重くなるし、どこかに紛れてしまう可能性も増えます。使用するシーンごとに、ざっくりとシンプルに分けておくくらいが適当かと思います。

▲ 04 Things to Consider

パックライナー

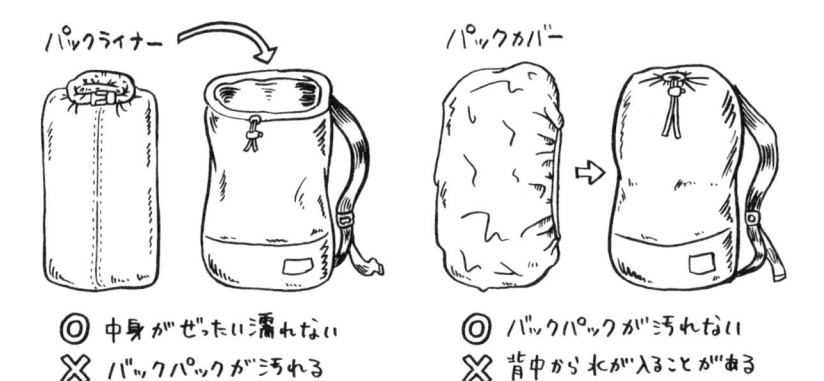

パックライナー　　　　パックカバー

○ 中身がぜったい濡れない　　○ バックパックが汚れない
✕ バックパックが汚れる　　　✕ 背中から水が入ることがある

　雨の多い日本では、荷物を濡らさないための対策が必要です。
　最も防水性が高いのはパックライナーを利用することで、詰めた荷物は濡れから完璧に守れます。しかしバックパックは濡れて重くなり、汚れもつきます。こんなバックパックを電車やバスに持ち込むことをうしろめたく感じる人もいるでしょう。
　一方、パックカバーは背面側があいているので、雨がレインウェアの背中側に流れると、それがバックパック内部に浸入することがあります。それさえ起きなければ、パック本体は濡れず、汚れません。
　ウルトラライトハイキングでは、使われるバックパックがシンプルでパッドも少なく、濡れても重量にさほど影響しないので、パックライナーが好まれます。利用の際は、それぞれのメリット、デメリットを考え合わせて選択しましょう。

サポートバッグを活用

　何かが必要になるたびにバックパックを下ろして開け閉めするのは、面倒なものです。歩行中に必要になるのは、水に行動食、ナビゲーションのための地図＆コンパス。記録をとるためのノート＆ペン、カメラ。
　栄養補給・ナビゲーション・記録はできるだけこまめにおこなうべきものです。バッ

04 Things to Consider

クパックを下ろすのが面倒だからと、後回しにしてはいけません。歩きながらいつでも取り出せるようにしておくのがよいでしょう。衣類のポケットに入れるのはもちろんですが、ウエストポーチやフロントバッグ、サコッシュなどをサポートバッグとして活用するのも効果的です。歩行を妨げないよう、身体に密着させることも忘れずに。

04 Things to Consider

食べる
Eat

防臭と動物対策

　キャンプサイトに置いていた食料が動物に食い荒らされた。休憩時に表に出していた行動食を鳥に持っていかれた。そんな経験はないでしょうか。アメリカの一部地域ではクマ対策として、ベアキャニスターとよばれる食料コンテナの携帯が義務づけられています。日本でもヒグマの生息地である北海道ではベアコンテナが設置されている幕営指定地があり、シェルター内に食料を置かないよう注意を呼びかけています。動物対策の基本は、動物が手出しできない場所に食料を保管することと、食料の匂いを封じることです。クマ対策といわれてもピンとこない人が多い日本ですが、シカやイノシシ、サル、カラスと、ハイカーの食料を狙っている動物は増えています。すでにハイカーが食料を持っていることを学んでしまった動物には無効かもしれませんが、食料の匂いを極力出さない努力は必要といえます。防臭機能がある特殊なジッパーつきプラスチックバッグ（OPSAK）などを活用しましょう。食料だけでなく、クッカーを掃除したペーパーや梱包材も匂いを出しているので注意が必要です。

場所とタイミング

　アメリカのスルーハイク独特のスタイルとして、しばしばとりあげられるのが食事の仕方です。少し早めに夕食をとり、その後も再び歩き、日没後にシェルターを設営し、すぐに眠る、というものです。キャンプサイトで調理＆食事をしないため、食料の匂い

04 Things to Consider

をシャットアウトできるというメリットがあります。そのスタイルの斬新さには惹かれますが、幕営地が限定される日本のトレイルでは現実味がないのも事実です。

　日本では朝、しっかりと食事をしてから歩くのが一般的です。歩くためのエネルギーを十分に身体に入れておくことは重要です。しかし朝食でとった炭水化物がエネルギーになるには2時間ほどかかります。それなら、早朝の起床後、寒さに震えながら調理・食事をするよりも、すぐエネルギーになる行動食を少しとってさっさと歩き始め、しばらく歩いて日が昇ってから、暖かく景色のいい場所で朝食をとったほうがよい、という考え方もあります。

▲ 04 Things to Consider

泊まる
Sleep

発汗＆呼気

　睡眠中の発汗量は1晩あたりコップ1杯分、約200mlもあります。スリーピングバッグはこうした発汗で必ず湿気を帯びます。さらにスリーピングバッグに口を潜り込ませると、呼気による相当量の水蒸気でスリーピングバッグが湿気ます。口はスリーピングバッグの外に出しておくのが賢明です。またスリーピングバッグは通気性・透湿性の高い生地のほうが、内部での結露を軽減します。そして起床後にスリーピングバッグから出たら、すぐに足元からたたんで内部の湿った空気を一度抜くと、湿気対策に効果的です。

保温効果を高める

　スリーピングバッグは身体に密着させると保温効果が高まります。羽毛布団の上に毛布をかけると暖かくなるのは、布団が身体に密着し、身体と布団の間で空気が対流しにくくなるからです。ジャケットタイプの防寒着でスリーピングバッグの保温力を向上させるには、ジャケットを後ろ前に着てスリーピングバッグに入ったり、スリーピングバッグの上にかぶせたりするのが効果的です。
　また横臥で身体を丸める寝相も有効です。身体の表面積が小さくなり、最も熱を奪われる地面側に接する面積も減らせるので、熱放出が抑えられます。動物が丸まって眠るのはこのためです。

末端部の防寒

　頭・首・手首の血管は皮膚に近いところにあり、血流を通じて熱を放出して体温調整をしているので、ここをおおうだけで防寒対策になります。ニットキャップ、ネックゲ

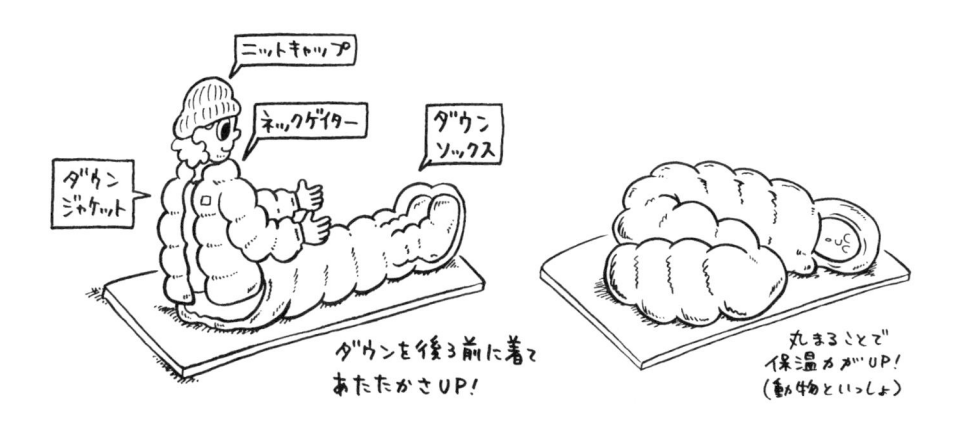

04 Things to Consider

イター、リストバンドは地味ですが、保温の基本グッズです。また手先・足先といった末端部位の血流を促進することも、冷えの解消につながります。特に就寝時に履く一枚のソックスは効果的です。歩行時のソックスではなく、就寝用に締めつけのないゆったりしたものを用意しましょう。ダウン、化繊綿、フリース、ウール等、素材は寒さへの耐性で決めましょう。

横になるだけで

　風の音、雨の音、動物の気配や鳴き声が耳につき、感覚も敏感になっているのか寝つけないときがあります。様々なことを考え、翌日の行程に興奮していることもあるでしょう。そんなときも心配はいりません。眠れなくても、とにかく横になりましょう。横になり、目をつむるだけでも身体の疲れはとれるものです。また眠っていないつもりでも、実は浅い眠りについていることがほとんどです。気がつくと30分、1時間たっているときがそうです。なんにせよ、身体を横たえてさえいれば翌日もちゃんと歩けるので安心してください。

▲ 04 Things to Consider

濡れたシェルター

　雨や結露で濡れてしまったシェルターは重いだけでなく、かさ張ります。収納するスタッフバッグは大きめのものに替えておいたほうがいいでしょう。他の道具を濡らさないために、防水スタッフバッグや大型のジッパーつきプラスチックバッグを用意しておくのも賢いやり方です。ウルトラライトハイキングで使用するフロアレスシェルターやタープなら、バックパックにくくりつけて乾かしながら歩いてもかまいません。

スリーピングバッグは濡らさない

　防寒対策の本丸は、なんといってもスリーピングバッグ。濡れた衣類は晴れたときに干す、着乾かす、などができますが、スリーピングバッグはなかなかそうはいきません。多少の湿気なら乾かせますが、完全に濡れてしまうとハイキング中はお手上げです。水の熱伝導率は空気よりはるかに高いため、熱がどんどん奪われます。湿気に強い化繊綿のスリーピングバッグでもそれは同じこと。スリーピングバッグは決して濡らしてはいけません。もし濡らしてしまった場合はハイキングの中止もやむを得ないのです。

04 Things to Consider

生活
Life

ナイフよりハサミ＆爪切り

　渓流釣りをしながら遡行するとき、ナイフは必需品です。しかしハイキングではどうでしょうか。ナイフを使う状況はほとんどありません。テーピングを切る、食料の梱包を開ける、指先のささくれを処置する、張り綱を切る、ほとんどが小さなハサミで対応できます。そしてハイキングが長期にわたると必要になるのが、爪の処理。手足の長い爪はトラブルの原因になります。出発前はもちろんですが、ハイキングの途中でも気になるようなら必ず切りましょう。大きなナイフはアウトドアマンのシンボルとして魅力的な道具ですが、ハイカーにとっては小さなハサミや爪切りのほうが役立つことが多いのです。

ファーストエイドはできる範囲で

「使わないものは持っていかない」が大原則のウルトラライトハイキングで、代表的な例外はファーストエイドキットです。ハイキング中の怪我や病気の対処には欠かせませんが、何を用意すべきか迷ってしまうハイカーも多いことでしょう。キットの内容は、どこに行くか、何をするか、誰と行くかで異なってきます。海外僻地のアルパインクライミングとウィークエンドのハイキングでは、用意するものは異なるのです。ガイドやパーティリーダーが準備するキットと、ソロハイカーのそれも、異なります。持病や故障のあるハイカーは、相応の対策を立てましょう。

　ファーストエイドキットには、自分が使いこなせる医薬品を
　ファーストエイドキットの量は、下山するまでの最低分を

▲ 04 Things to Consider

　以上が、個人用ファーストエイドキットの基本ポイントです。すべての処置ができるに越したことはないのですが、誰もができるわけではありません。ですから、使えないものは持たず、確実に使えるものだけを持つべきです。また病気や怪我をおして行動せざるをえないなら、それなりの量が必要ですが、トラブルがあればすぐに下山を始める、山小屋に助けを求める、が前提なら、必要な量も限られます。

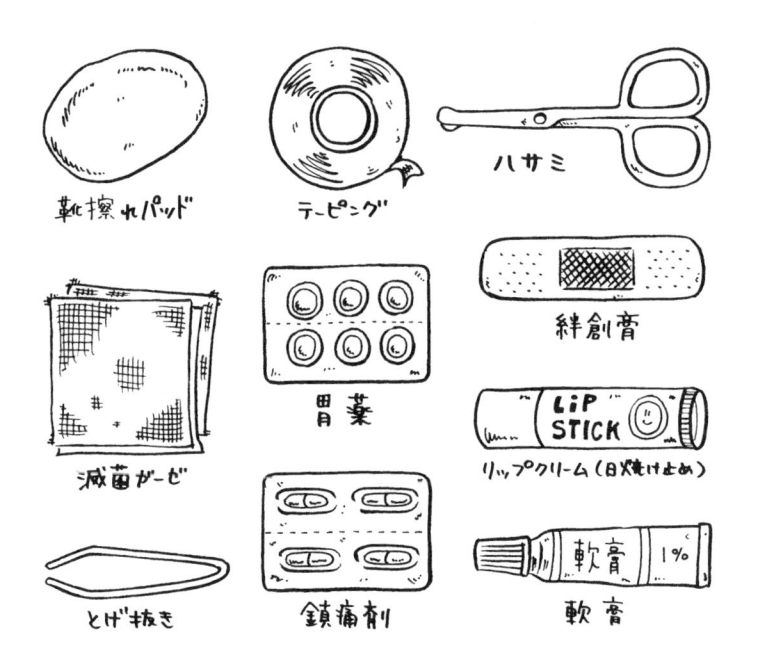

靴擦れパッド　テーピング　ハサミ
滅菌ガーゼ　胃薬　絆創膏
　　　　　　　　　リップクリーム（日焼けどめ）
とげ抜き　鎮痛剤　軟膏

　個人用ファーストエイドキットはこうした内容を揃えてみましょう。小さなジッパーつきプラスチックバッグに入れて、防水対策も怠りなく。100g程度に収まります。

リペア＆バックアップ

　ハイキングの道具は丈夫であるに越したことはありませんが、どんな道具でも壊れる

04 Things to Consider

可能性はゼロではありません。道具に必要以上のストレスをかけないことは大前提です。バックパックを放り投げたりしないように。そして大事なことは、壊れたときに対処できるかどうかです。ウルトラライトハイキングで好まれる道具のほとんどは構造がシンプルなので、現地でのリペアなど、対処もとりやすいでしょう。

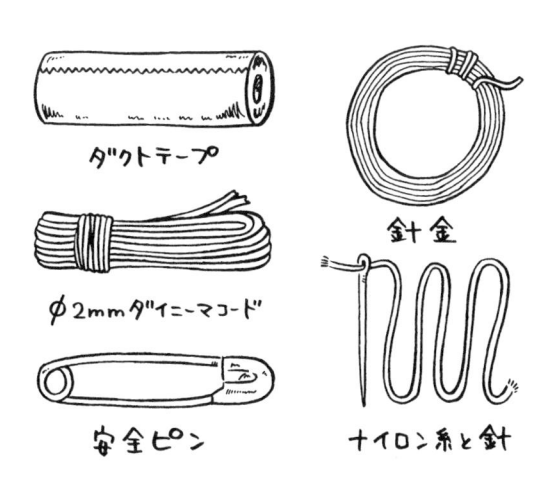

ダクトテープ

φ2mmダイニーマコード

針金

安全ピン

ナイロン糸と針

　こういった道具があれば、ハイキング中に起きる用具トラブルのほとんどに対応できるはずです。またバックアップという考え方も大事です。これはスペアを持つことだけでなく、他の道具で対応する応用力をも意味します。グローブの代わりにソックスを利用する。ボトル浄水器を水筒として利用する。靴擦れ箇所やショルダーの当たりが強い箇所に、切ったタオルを当てる。ネックゲイターの代わりにタオルを首に巻く。ハイカーは体ひとつでトレイルに放り出されているわけではありません。バックパック内の道具をフルに活用しましょう。

火を欠かさない

　他のものでの応用が難しく、スペアを持つべきものがふたつあります。

▲ 04 Things to Consider

ファイヤースターター（ライター等）
ウォーターコンテナ（水筒）

　前者は保温の、後者は水分補給のためにあり、先に述べた生存のための「3の法則」の上位にあたるものです。特に火をつける道具は重要です。山では湧水や沢から水は得られますが、火はそうはいきません。種類の違う、複数のファイヤースターターを持つのがベストです。

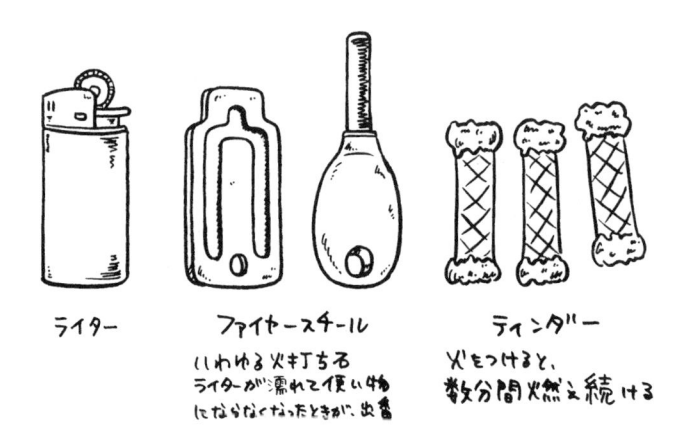

　ライター　　　ファイヤースチール　　　ティンダー
　　　　　　　いわゆる火打ち石　　　　火をつけると、
　　　　　　　ライターが濡れて使い物　　数分間燃え続ける
　　　　　　　にならなくなったときが出番

　濡れて使えないということがないように、ライター類はジッパーつきプラスチックバッグに入れておきましょう。雨や雪で寒さに凍えるとき、ライターがない、濡れて火がつかない、これほど悲惨なことはありません。

スペア衣類の優先順位

　シャツは100〜200g、ロングパンツは300〜400g、スペアの衣類でバックパックはあっという間に重たくなります。せっかく吸汗速乾性のウェアを着ているのです。着干ししたり、つるして乾かしたりして着続けましょう。つるして乾かしているあいだにスペアのシャツを着る必要はありません。防寒着を肌に直接着てスリーピングバッグに

04 Things to Consider

　入ってしまえばいいのです。衣類のスペアは、ハイキングを終えて、温泉から上がったときに着る1組があれば十分です。ハイキング中、どうしようもないときにはそのスペアを着ればいいでしょう。レインウェアもあれば、ウィンドシャツ、防寒着もあります。それを工夫すれば対応できるはずです。スペアは、カットソーやパンツよりもソックスを優先します。ハイキングの長さに関係なく、カットソー1枚とソックス2組を基本にスペア計画を立てましょう。

パンツやTシャツの着替えは、意外と使わない。

衣類を乾かす

　山小屋のストーブや焚き火があればともかく、シェルター内で濡れた衣類を乾かすのは難しいものです。ちょっとした濡れなら着干しが現実的です。ハイカーが持っている最も温かい熱源は自らの身体です。しかし風雨のなかを歩き体が冷えて、寒さを感じるようなときは、すぐに着替えます。まずは濡れた衣類を脱ぎ、身体を拭き、防寒着を直に着て一息つきましょう。濡れた衣類は速乾タオルにくるんで絞るなどして、水分をタオルに移します。そして翌日の行動中に着干ししたり、休憩時に干してみることです。就寝時、スリーピングバッグに入れて乾かす方法もありますが、スリーピングバッグが濡れるのでおすすめできません。これはグローブやソックスなど小さなアクセサリーに限定すべきでしょう。

▲ 04 Things to Consider

水を凍らせない

　無雪期の山でも、秋が深まれば明け方の気温は氷点下になることも珍しくありません。水を凍らせてしまうと、その後の行動が大きく制約を受けます。氷を溶かす、水を沸かす、このふたつの作業で必要となる熱量はかなりのものです。水は前の晩に湯たんぽにしてスリーピングバッグに入れておく、衣類でくるんで枕にする、身体の近くにおいておくなどの工夫が必要です。また水筒の飲み口やハイドレーションチューブなど、細い箇所は簡単に凍りつきます。水筒は満タンにしない、ハイドレーションチューブの水を抜いておく、こうした作業も寝る前に忘れずにしましょう。

カップルで歩く

道具をシェアすれば軽量化できる♡

　道具の軽量化が進んだことで、グループで荷物を分担しなくても、個人で楽に背負えるようになりました。これは安全度が高まることにもつながります。装備が個人で完結していれば、誰かがポールを忘れてシェルターが設営できない、誰かがストーブを忘れて食事が作れない、そんなトラブルとは無縁になります。いまやグループハイキングでも、個人で全装備を持つのが新たなスタンダードになりつつあります。

04 Things to Consider ▲

　しかし軽量化のために道具をシェアするのは昔からあるスタンダードな考え方で、究極の方法ともいえます。団体装備、共同装備。山岳部や山岳会に所属した経験があるハイカーには、懐かしい言葉ではないでしょうか。

　そして最も身近で最小のハイキングユニットはカップル。愛情あるパートナーとなら、シェアする道具を忘れてしまうこともないでしょう。ひとつのキルトにくるまることにも抵抗はないはずです。1人用シェルターを2つ用意するよりも、2人用シェルターをふたりで使うほうが、1人当たりの荷物は軽くなります。調理器具も同様です。ウルトラライトハイキングの技術を確立したレイ＝ジャーディンはパートナーであるジェニーと道具をシェアしながら、様々なロングジャーニーを実践しています。ウルトラライトハイキングを志向するハイカーカップルなら、共同装備を取り入れて、さらなる軽量化にトライするのも楽しいことでしょう。

ハイキングギアリスト
Hiking Gear List

無雪期の1泊以上のハイキングで必要な道具一覧です。
それぞれの重量は市販品で実現可能な目安です。

運ぶ　890g
- [ ] バックパック　　　　　　　　　　　　　　　800g
- [ ] パックライナーまたはパックカバー　　　　　90g

泊まる　1660g
- [ ] スリーピングバッグ　　　　　　　　　　　　500g
- [ ] スリーピングマット　　　　　　　　　　　　200g
- [ ] シェルター　　　　　　　　　　　　　　　　800g
- [ ] ペグ、他　　　　　　　　　　　　　　　　　60g
- [ ] グラウンドシート　　　　　　　　　　　　　100g

着る＆歩く　1100g
- [ ] スペアカットソー（1枚）　　　　　　　　　150g
- [ ] スペアソックス（2組）　　　　　　　　　　90g
- [ ] ウォームハット　　　　　　　　　　　　　　60g
- [ ] インサレーションウェア　　　　　　　　　　300g
- [ ] レインギア　　　　　　　　　　　　　　　　400g
- [ ] ウィンドシャツ　　　　　　　　　　　　　　100g

食べる＆飲む　290g
- [ ] ストーブ　　　　　　　　　　　　　　　　　45g
- [ ] ウィンドスクリーン　　　　　　　　　　　　20g
- [ ] フューエルボトル　　　　　　　　　　　　　20g
- [ ] ライター（2個）　　　　　　　　　　　　　30g
- [ ] マグポット　　　　　　　　　　　　　　　　100g
- [ ] スプーン　　　　　　　　　　　　　　　　　15g
- [ ] ウォーターコンテナ（2ℓ分）　　　　　　　　60g

気遣い　740g
- [ ] ライト　　　　　　　　　　　　　　　　　　　　　90g
- [ ] マップケース＆コンパス　　　　　　　　　　　　　50g
- [ ] ファーストエイドキット　　　　　　　　　　　　　100g
- [ ] トイレタリーキット（タオル、歯ブラシ、ペーパー、他）250g
- [ ] エマージェンシーキット（ホイッスル、ハサミ、リペアキット、他）190g
- [ ] ノート＆ペン　　　　　　　　　　　　　　　　　　30g
- [ ] 財布　　　　　　　　　　　　　　　　　　　　　　30g

＋α（状況によって）
- [ ] サポートバッグ（フロントバッグ、サコッシュ、ウエストポーチ）
- [ ] ウォータートリートメント
- [ ] カメラ
- [ ] 傘
- [ ] クランポン
- [ ] ネックゲイター
- [ ] バグネット
- [ ] サングラス
- [ ] GPS

ベースウェイト　　　　　　　　　　　　　　　4680g（＋α）

歩行中身につけるもの
- [ ] アンダーウェア
- [ ] カットソー
- [ ] パンツ
- [ ] ソックス
- [ ] グローブ
- [ ] ハットまたはキャップ
- [ ] シューズ
- [ ] ゲイター
- [ ] トレッキングポール
- [ ] 時計

おわりに
Postscript

　自然のなかを歩くハイキングは遊びにすぎません。遊びだからこそお仕着せで動くのではなく、自分自身で考え工夫することで充実感が大きくなるように思います。
　ウルトラライトハイキングでは、ハイカーは便利で高機能な道具に頼るのではなく、できるだけシンプルな道具だけで自然と向き合おうとしています。

　高価な登山道具に与えられる安心感も、たしかに悪くはありません。しかし自分の遊びです。ゼロから考えてみてはいかがでしょうか。常識に縛られず、新鮮な感覚で山や自分、道具を見直せば、きっと新しい発見があるように思うのです。ウルトラライトハイキングはそんなきっかけをくれるはずです。

<ruby>吾<rt>われ</rt>唯<rt>ただ</rt>知<rt>たる</rt>足<rt>をしる</rt></ruby>
吾 唯 知 足

　そんな気持ちで自然のなかを歩ければいいなと、わたしは思っています。

謝　辞
Acknowledgments

　本書執筆にあたっては、諸先輩方の様々な書籍やアドバイスを参考にさせていただきました。なかでも『野宿大全』の村上宣寛さん、『長期縦走原論』の加藤英雄さん、このおふたりのデータに基づいたロジカルな思考と考察には大きな影響を受けました。そして古くからの知己である川崎一さんと寺澤英明さん。ホームページやブログを通じてウルトラライトハイキングをいち早く紹介してきたおふたりがいなければ、日本におけるムーブメントはなかったはずです。また4000kmを超えるスルーハイクを経験してきた舟田靖章さん、長谷川晋さんの若いおふたりには、アメリカのハイキングカルチャーの現在進行形を教えていただきました。

　そして堅苦しいテキストを親しみやすいポップなイラストで飾ってくれた清水将司さん、手にとりやすくシンプルで魅力的な装丁とレイアウトを施してくれた加藤弾さん、遅々として進まない原稿を辛抱強く待ち、編集してくださった五十嵐雅人さん、この本は4人のチームでつくりあげたものだと思っています。

　最後に、今日も世界中を歩き続けているすべてのハイカーに敬意と感謝を込めて。

Happy Trail
土屋智哉

参考文献

『Lighten Up!』Don Ladigin Morris Book Publishing 2005
『Ultralight Cycle講演用資料日本語版』Glen Van Peski 2010
『LIGHTWEIGHT Backpacking and Camping』Ryan Jordan Beartooth Mountain Press 2005
『Beyond Backpacking』Ray Jardine AdventureLore Press 2000
『Trail Life』Ray Jardine AdventureLore Press 2008
『遊歩大全(上)(下)』コリン・フレッチャー 芦沢一洋訳 森林書房 1978
『バックパッキング入門』芦沢一洋 山と渓谷社 1976
『トレッキング実践学』高橋庄太郎 樵出版社 2010
『日本アルプスと秩父巡礼』所収「槍ヶ岳より日本海へ」田部重治 北星堂 1919
『観想』創刊号所収「山に入る心」田部重治 東洋大学 1924
『峠と高原』所収「足の速さ」田部重治 大村書店 1931
『新編 山と渓谷』田部重治 岩波書店 1993
『野宿完全マニュアル―究極のアウトドア案内』村上宣寛 三一書房 1996
『野宿大全―究極のアウトドアへの招待』村上宣寛 三一書房 2007
『長期縦走原論 最終版 道具考2007』 山姥とその仲間 私家版 2007
『ジョン・ミューア・トレイルを行く バックパッキング340キロ』加藤則芳 平凡社 1999

土屋智哉　Tomoyoshi Tsuchiya

1971年埼玉県生まれ。古書店で手にした『バックパッキング入門』に魅了され、大学探検部で山を始める。のちに洞窟探検に没頭する。アウトドアショップバイヤー時代にアメリカでウルトラライトハイキングに出あう。このムーブメントに傾倒し、自らの原点でもある「山歩き」のすばらしさを再発見。2008年、ジョン・ミューア・トレイルスルーハイクののち、幼少期を過ごした三鷹にウルトラライトハイキングをテーマとした店「ハイカーズデポ」をオープン。シンプルなハイキングスタイルと奥多摩・奥秩父の魅力を伝えようと奮闘中。

ウルトラライトハイキング

2011年2月25日　初版第1刷発行

著　者　土屋智哉
発行人　川崎深雪
発行所　株式会社山と溪谷社
　　　　〒102-0073
　　　　東京都千代田区九段北4-1-3 日本ビル8階
　　　　http://www.yamakei.co.jp/

■ご購入と商品に関する問合せ先
山と溪谷社カスタマーセンター
電話：03-5275-9064　FAX：03-5275-2443
■書店・取次様の問合せ先
山と溪谷社受注センター
電話：03-5213-6276　FAX：03-5213-6095

印刷・製本　大日本印刷株式会社

Copyright ©2011 Tomoyoshi Tsuchiya　All rights reserved.
Printed in Japan
ISBN978-4-635-15024-8

ブックデザイン／加藤 弾（GAIMGRAPHICS）
イラストレーション／清水将司（GAIMGRAPHICS）
校正／與那嶺桂子
編集／五十嵐雅人（山と溪谷社）

定価はカバーに表示しています。
落丁・乱丁本は送料小社負担にてお取り替えいたします。
本書の一部あるいは全部を無断で転載・複写することは、
著作権者および発行所の権利の侵害となります。
あらかじめ小社までご連絡ください。